KB156061

한국 전통문화의 이해

제5판

한국 전통문화의 이해

이복규

민 속 원

머리말

    한국 문화는 한국인이 자연, 사회, 역사 등 모든 환경 속에서, 살아남기 위해, 더 잘 살기 위해 만들어 낸 도구와 방식과 지혜의 총체입니다. 그 중에서도 지금까지 전해지는 것을 전통문화라 합니다. 우리 체질에 맞기에 여기 지금까지, 똑같이 혹은 모양을 바꾸어 살아있는 것이 한국 전통문화입니다.

    이 전통문화를 알아야 한국인답게 살 수 있고, 외국문화도 주체적으로 창조적으로 수용합니다. 그렇지 않으면 외국 문화에 노출, 예속, 종속될 수밖에 없습니다. 문화적 전통에 대한 의식이 투철할 때, 우리는 필요에 따라 외국문화를 선별해 수용하고, 우리 체질에 맞게 그 형식이나 내용을 변용할 수 있습니다. 글로벌시대에는 각 나라마다의 개성적인 문화를 가지고 서로 주고받으며 살아야 재미와 보람도 있습니다. 어느 한 나라나 지역의 문화가 지배하던 시대는 이미 지났고 그래서도 안 됩니다.

    한국 전통문화 길잡이 책이 여러 종 나와 있어서 많이 활용하였습니다만, 이 책의 특징도 있습니다. 전통문화가 외래문화(특히 개신교)와 만나서 어떤 변용을 보이는지, 우리 문화의 특징에 대한 기존의 연구 결과에 대한 종합, '한글'이란 말과 기제사에 대한 오해 등을 다룬 내 연구성과가 그것입니다. 더러 시청각 자료와 병행할 수 있도록 한 점도 특징이라 하겠습니다. 모두 18강으로 구성해, 대학에서 한 학기 강의하기에 적당하게 했습니다.

이 책을 엮는 데, 한국정신문화연구원 사이트의 '전통문화상식', 『한국민족문화대백과사전』을 비롯하여, 『한국민속학개론』(민속원), 『민속문화, 무엇이 어떻게 변하는가』(집문당)의 도움을 많이 받았습니다. 『우리 문화 길라잡이』(학고재), 『우리 문화가 온 길』(민속원), 『민속적인 삶의 의미』(한울)도 참고하였으며, 인터넷 자료도 활용하였습니다.

2003년에 제1판을 내고 이번에 제5판을 냅니다. 강의하면서 발견한 오류들을 바로잡았으며, 일부 내용을 교체하고 추가하기도 하였습니다. 특히 마지막 18강 '한국 전통문화의 특징들'은 그간 논의되어 온 것들을 한 자리에 정리해 본 것으로서 가장 자랑하고 싶은 대목입니다. 앞으로 기회가 되면, 아예 이 제목으로, 자료를 더 추가하고 사례와 그림을 동원해 단행본으로 독립 출판해 보고 싶은 욕심입니다.

2018년 2월

이복규

목차

제사에 대한
바른 이해

우리 민족은 조상 제사를 중시하는 민족이다. 북한은 물론 해외 동포들도 조상 제사를 이어가고 있다. 제사는 우리 문화에서 중요한 비중을 차지하고 있다. 한국인이라면 제사에 대해서 어느 정도의 지식은 다 가지고 있다고 할 수 있다. 그런데 우리가 제사에 대해서 가지고 있는 지식과 관념은 올바른 것일까? 오해가 많다. 크게 두 가지로 압축해서 알아보자.

제사에도 여러 가지가 있다. 이 자리에서는, 고인이 돌아간 날에 가지는 기제사忌祭祀(기일제사)에 대한 오해를 중심으로 이야기하겠다.

기제사는 단군 할아버지 이래 5천년의 유구한 전통인가

아니다. 고려시대 이전까지는 기제사란 없었다. 국가를 창건한 왕에 대한 제사 즉 국가 차원의 제사만 존재하다, 고려말에 중국의 성리학을 수입하면서 따라 들어왔다. 중국에서는 『예기』에서부터 조상 제사에 대한 언급이 이미 있었으나 당 나라 때 도교의 영향으로 쇠미해졌다가, 송 나라 때 성리학자들의 노력으로 다시 활발해졌다. 이 조상 제사가 고려말에 들어왔지만 조선조 중기에 와서야 광범위하게 지내기 시작했으며, 그것도 처음에는 사대부계층을 중심으로 이루어졌고 평민들은 잘 따르지 않았던 것을 왕조실록 기사를 보아 알 수 있다. 5천년 역사에 비추어 보면 길지 않은 전통이다. 전통으로 치면 기제사를 지내지 않고 살아온 것이 더 전통적이고 원형적이다. 그러니 기제사를 지내면 민족적이고, 안 지내면 반민족인 것인 양 흥분하는 것은 사리에 맞지 않다.

우리나라 기제사는 주자의 규범대로 시행되었는가

그렇지 않다. 성리학자들이 만들어 놓은 규범으로 『주자가례』를 손꼽고 있는데, 『주자가례』와 우리가 시행해 오고 있는 기제사 관행과는 차이가 있다.

첫째, 『주자가례』대로 하자면, 기제사는 매우 슬픈 제사이므로 시종 근신하는 자세를 견지해야 하며, 제사 순서에 반드시 곡을 해야 하며, 당연히 축복이나 음식 나눠먹는 잔치가 따라서는 안 된다. 하지만 우리 기제사에서는 음복 순서가 있고, 제사 후에는 잔치처럼 음식을 나눠먹는다. 제사 음식을 이웃에게 돌리기도 한다. 축제 같은 분위기를 유지하고 있다. 이는 『주자가례』와 어긋난다. 내가 볼 때, 이는 민간신앙 특히 모든 굿을 하고 나서 이루어지는 뒤풀이(뒷전)의 영향이 아닌가 한다.

둘째, 『주자가례』대로 하자면, 여성도 제사에 참여해야 하는데, 우리 나라에서는 철저하게 여성을 제사현장에서 배제하고 있다. 음식을 만들어 제공하는 도우미 역할만 시키고 있다. 이는 『주자가례』는 물론 『예기』의 가르침과도 배치된다. 옷을 갈아입는 번거로움이나 음식 만드는 것도 제사 참여 아니냐는 등 여러 가지 이유를 들어 이를 변명하기도 하지만, 우리나라 특히 조선시대의 지독한 남녀차별 의식에 따라 『주자가례』와는 차이를 보인 것이다.

셋째, 『주자가례』에 의하면, 6품 이상의 고위관직자들만이 3대 이상의 기제사를 사당(가묘)에서 모실 수 있고, 7품 이하의 하위관직자 및 일반평민은 안방에서 부모의 기제사만 모시게 규정되어 있다. 하지만 조선 후기부터는 누구든지 4대 조상의 기제사를 다 모시기 시작하였다. 이에는 신분제도가 약화되면서, 너도나도 양반을 표방하고, 양반사대부의 독점물이었던 조상 기제사를 평민들도 거리낌없이 지낸 데서 굳어진 현상이라 해석된다(현재의 가정의례준칙에서는 직계 조상 2대까지로 제한하고 있음). 이 역시 『주자가례』와는 달라진 점이다. 효성이 지극해서라기보다 양반에 대한 평민들의 열등감 내지 신분상승 욕구가 강하게 작용한 결과라고 해석해야 할 것이다.

넷째, 『주자가례』에 의하면 기제사를 지낼 때 모시는 신은 돌아가신 분 한 분만으로 제한된다. 하지만 우리나라에서는 부부를 다 모시는 것으로 변화되었다.

다섯째, 『주자가례』에서는 모든 제사의 주관자를 종손으로 제한하였다. 이른바 종법宗法의 원리를 강조하였다. 하지만 우리 나라에서는 고려 말과 조선 초기에, 조상의 제사를 형제들이 돌아가면서 지내는 윤회제도가 있었다. 이를 가능하게 한 것은 재산의 균분상속제도였다. 부모의 유산을 자녀들이 똑같이 나누어 받았으니 제사도 돌아가며 공평하게 지내야 한다는 의식이 작용한 것이다. 하지만 주자가 『주자가례』에서 강조한 종법의 원리가 보급되고 강화되면서 재산 상속제도가 장자 상속 원칙으로 정착되어 가고, 장자에게는 제사 몫의 재산이 별도로 상속되는 등 여러 특권이 주어지면서, 제사는 오직 장자(종손)의 몫으로 한정되게 되었다. 다른 형제들은 참여하기만 할 뿐 주관자는 오직 장자 한 사람으로 바뀐 것이다. 근래 들어 재산의 상속이 균분 상속제도로 바뀌었고, 남녀평등 사회로 전환하는 분위기를 고려해 보건대, 제사의 윤회제도는 적극 검토해야 할 과제라고 생각한다. 종손 며느리들이 명절제사나 기제사 준비로 앓는 이른바 명절증후군 같은 병은 이제는 사라져야 하리라 생각하는데, 제사의 윤회제도를 부활하면 해소될 수 있으리라 판단한다.

여섯째, 『주자가례』에서는 제사 지내는 날은 돌아가신 날이며, 시각은 이 날 첫새벽(정확하게 말해, 개신교의 0시예배처럼, 새벽 0시가 되자마자)이다. 그날의 일과가 시작되기 전에 모든 것에 우선해서 행한다는 의미, 귀신은 고요하고 그윽한 시간에 움직이는 것으로 인식한 결과이다. 그런데 우리 관행에서는 돌아가신 날의 직전일의 초저녁에 지내기도 한다. 통금이 있을 때는 편의상 그랬다 하나, 이제 유교식으로 지내려면 철저하게 예법대로 0시를 넘겨서 지내야 한다.

제사의 변화

제사에 대한 설화들이 있다. 이른바 '제사 이야기'라고 할 수 있는 것들인데, 제사의 본질, 제사에 대한 올바른 태도 등을 잘 이해하게 한다. 몇 편 소개하고, 여기에서 제사의 변화 문제를 끄집어내어 논의하고자 한다.

이상한 제사

① 박문수가 어느 고을에 들어가 유숙한다.

② 그 날은 유숙한 집 주인의 어머니 기제일이다.

③ 박문수는 기제사 드리는 모습을 지켜본다.

④ 주인 내외는 앞마루에 제사상을 잘 차려놓는다.

⑤ 주인 내외가 차려진 제사상 앞에 이불을 펴고서 잔다.

⑥ 그 광경을 보고 놀란 박문수는 주인 내외의 자는 행동을 금지한다.

⑦ 주인 내외는 놀란 박문수에게 돌아가신 어머니의 생전 소원이 아들 내외가 자는 모습을 보는 것이었다고 말한다.

예禮를 모르는 조상에 대한 제사

① 영동군 영동읍 부용리에 성이 황씨인 비복婢僕의 자식이 있다.

② 황가黃哥는 진사과進士科에 합격해 마을 사람들에게 황진사黃進士라고 불린다.

③ 황진사는 예서禮書에 밝은 사람으로 글공부를 가르친다.

④ 황진사 제자들은 비록 스승 황진사가 미천한 출신이지만 예서에 밝으므로 제사를 잘 드릴 것이라고 생각한다.

⑤ 어느날 황진사 제자들은 황진사의 기제사 드리는 것을 몰래 구경한다.

⑥ 제사상에는 음식을 진설陳設과 유구鍮具가 없이 함지박에 밥이 수북하게 담아있고, 숟가락은 한 곳에 수북히 꽂혀있다.

⑦ 황진사는 초헌, 아헌, 삼헌도 없이 제사상 앞에서 절을 한다.

⑧ 그 이튿날 제자들은 스승 황진사에게 사실대로 말하고 황진사가 그렇게 제사를 드린 이유를 물어본다.

⑨ 황진사는 노비奴婢인 부모님께 예서禮書대로 제사를 드린다면 부모님 생전에 생활하시던 것과 너무나도 달라서 불안하여 흠향歆饗하지 못할 것이라고 말한다.

⑩ 제자들은 황진사가 참된 예禮를 아는 스승이라며 존경한다

위의 설화들은 과거에서부터 지금까지 전해지는 것이다. '가가례家家禮' 라는 말도 있지만, 얼마든지 제사에 변형이 있을 수 있다는 사실을 암시하는 이야기들이다. 이 설화들이 전하는 메시지는 무엇일까? 정신이 중요하지, 형식은 얼마든지 가변적이라는 것이다. 그렇다. 어느 한 가지 형식만이 절대적인 가치를 지니는 것은 아니다. 형식을 우선시할 경우, 형식을 위한 형식, 이른바 허례허식에 얽매이거나 머물 수도 있다. 형식이 담고 있었거나 담고 있는 제사의 근본 정신 혹은 본질이 무엇인지 끊임없이 재인식하면서 이 제도에 임할 필요가 있다. 시대와 환경의 변화에 맞추어, 형식은 가변적일 수 있다는 융통성 있는 태도를 가지고 임해야 할 것이다.

조상의 은혜에 대한 감사를 느끼고, 살아 계신 듯 항상 조상의 명예와 기대를 생각하며 조심하며 사는 자세가 중요하다(어떤 가정에서는 부모님의 허락하에, 제사는 폐지하기로 하고 살아생전에 지극히 모시는 경우도 있다고 함). 돌아가신 날, 형제자매가 한자리에 모여 고인을 추모하며 뜻을 기리며 친교하며 한피 받은 남매간의 사랑과 정을 다지는 기회로 삼을 필요가 있다. 부부간에는 상대방 가문의 제사(추도식)에도 관심을 가지고 존중해야 할 것이다. 일방적이어서는 곤란하다. 기제사의 윤회제를 부활시킬 필요가 있고, 명절 제사는 폐지해 나가는 게 좋지 않은가 한다. 지방도 "顯考學生府君神位"처럼 순한문으로 쓰던 데에서 누구나 알아볼 수 있게 "아버님 신위"처럼 국문으로 바꿀 필요가 있다. 축문도 마찬가지다. "維世次(유세차) ○年 ○月 孝子○○○ 敢昭告于(감소고우)"로 시작하여 "奠獻尙饗(전헌상향)"으로 끝나는 형식으로 해서는 곤란하니, "서기 ○○○○년 ○월 ○일 효자 문학사 길동은 삼가 높으신 아버님 ○○면장 어른과 높으신 어머님 문화류씨께 말씀드립니다. 세월이 흐르고 바뀌어 (중략) 공손히 정기의 제향을 올리오니 흠향하시기 바랍니다."처럼 국문으로 지어 낭송하는 게 좋다.

참고자료 1

\<조상제사, 어떻게 지내야 하는가 – 현대화 모델 정립을 위한 토론회-\>

종합토론 이야기(사회자로 참여한 이복규의 메모)

1. 제사의 목적은 "시원으로 되돌아가는 것". 내가 어디에서 나왔는가를 되돌아보게 하는 것.(예기, '제의' : 禮也者 反其所自生)(예야자 반기소자생)

2. 제사에 대한 의식과 환경의 변화 : 영혼관의 탈락. 현대인은 더 이상 조상 영혼의 존재를 믿지 않는다. 제사의 거부가 법적인 재제의 대상에서 제외되어 있다.

3. 주자의 『가례』와 조선시대 우리 조상제사의 차이(변모된 것들)

　1) 사시제(이월, 오월, 팔월, 십일월 : 정침), 초조제(동지 : 사당), 선조제(입춘 : 사당), 네제(가을 : 정침), 기일제(기일 : 정침), 묘제 등 6가지만 제례이고, 여타(설, 동지, 초하루, 보름의 참례, 속절 등에 사당에서 행하는 절사 등의 차례, 일이 있을 때 고하는 의식 : 사당의례)는 통례(간략하게 지냄)였으며, 사시제를 가장 중시함 → 주자는 사시제를 가장 중요시했으나 우리는 묘제(시제)와 기제사 중시. 사시제는 간과되고, 묘제 중시(주자는 3월에 택일하여 1년에 1번인데, 우리 나라는 설, 한식, 단오, 추석 등 4대 명일에 모두 지냄. 시사라 새로 명명.)

　2) 기제 : 기일제사. 기제사의 대상은 고조까지. 기일에 해당하는 신위만 제사지내는 단설일 것. 음복 생략할 것(흉례). 장남이 지내되 아헌은 종부가 올릴 것. 서민도 4대봉사 가능. → 부부 합설. 음복(길례 : 사시제를 생략함에 따라 사시제의 음복이 기제사로 이행한 것? 굿 뒤풀이문화의 영향?). 한동안 자녀윤회제사. 여성의 참여 배제가 대부분임. 『경국대전』: 서인은 부모 제사만, 사는 이대봉사, 대부

(삼대, 사대봉사)

3) 차례 : 사당에서 매월 초하루와 보름, 명절 및 조상의 생일에 지내는 간략한 의식. 차사茶祀 또는 다례. → 명칭만 차례(다례)일 뿐 술로 바뀜.

4) 묘제 : 삼월에 지낼 것. → 봄(한식)에도 지내지만, 가을(음력 시월)에 시제 지내는 것 선호(삼한시대 이래 우리의 감사제 전통?). 묘제의 합제화(퇴계 이황 : 번거로우니 재실에서 지방으로 합제)

4. 현대의 변모 양상들

1) 기제 일수의 축소와 시간의 이동 : 4대봉사에서 2대봉사로, 기제사의 합제화(모든 조상을 한 번, 부모만 따로. 부모도 통합 등), 윗대 조상 또는 아버지의 기일로 통일. 특정한 날이나 일정 공휴일로 정하기. 시간도 음복후 귀가하도록 저녁 9시이전에 끝냄. 제사분할(아버지와 어머니 제사를 형제자매가 분담하여 자식에게 물려주기. 이대봉사. 재산이 없을 경우), 외손봉사의 전통 되살리기, 윤회봉사의 전통 되살리기(1991년 균등상속제 시행. 18세기부터 장남우대상속. 그 이전은 균분상속). 국문지방과 축문. 고인이 좋아하던 음식 올려놓기? 술 대신 차 또는 물?

2) 묘제 : 일일이 모든 묘를 다니지 않고 선조의 묘에서 합사하거나 재실에서 지방으로 합사하기(특히 납골당일 경우). 4대친은 성묘로 대체하기. 제사상을 크게 차려 위패를 한꺼번에 놓기. 제사상은 그대로 두고 신위와 메(밥)과 갱(국), 잔과 수저 등만 바꾸기. 한 장의 축문으로 작성하여 호명하기도. 제사 일시도 주말에 시사날짜 정해 합제하기. 여자 참석 증가. 제사 참석자 늘이기 위해 장학금 지급하기, 일당 주기. 추석 전후로 벌초와 묘제하기, 10월 중순에 벌초와 묘제하기. 제물 차릴 때 과일과 떡의 고임 축소하기(준비할 인력 부족). 도시락 형태로 준비하여 지내기. 대행업체 통해 준비하기. 음복상은 뷔페로 대체하기도. 식당으로 가서 음복하거나 빵과 우유로 음복 대신하기도.

3) 차례 : 설과 추석에만 지내기. 묘소에서 성묘 겸 차례하기도. 기제사의 내용과 절차로 차례 모시기도. 차례는 제사와 다른데 몰라서 또는 기제사 때 가족이 많이 모이지 못하는 아쉬움을 차례 때 채우기?(차례는 단헌과 무축의 전통인데 삼헌과 독축하기)

5. 내가 더 보태거나 문제 제기 하고 싶었던 말들. 특히 기독교에 대한 아주 극단적인 거부감이 표출된 데 대해 내가 하고 싶었으나 적당한 자리도 아니고 시간도 없어 발언을 삼간 것.

  1) 기독교인들도 나름대로의 방식으로 조상을 공경하며 추모 기념하고 있으니, 기독교를 미워하지 말 것. 기독교인 중에는 조상제사를 우상숭배시 않고 전통문화로 받아들여 충실하게 봉제사하는 경우도 있으며, 절만 하지 않을 뿐 참석해 묵념 기도하고 음식도 함께 먹는 경우도 있음. 다 각각 그 중심은 같다는 것을 인정하고 서로 존중하는 게 중요함. 형식상의 차이 때문에 가정 화목을 깨서는 안됨. 기독교인 중에는 돌아가신 후의 효도는 무의미하다 보아 살아생전에 지극정성을 다 바치는 사람도 있음.

  2) 오늘의 기제사는 고려시대까지는 없던 것. 고려말 주자학의 도입과 함께 도입된 것(유학의 종교성 부족으로 불교에 밀리게 되자 유교에 종교성을 가미해 방어하려 한 데서 출발한 제도임. 기본적으로 무신론인 주자학의 근본정신에 비추어, 조상의 영혼을 인정하는 조상제사는 모순적인 측면이 있음). 지금은 주자학 시대도 아님. 다종교 사회이며 평등 자유 민주 시대임. 자기 자식도 차별해 아들과 장남만 중시하는 주자학의 이념이나 그런 사고방식을 고수하는 게 과연 이 시대에 타당할까? 보편가치일 수 있을까? 제 자식도 차별하는 사고로 어찌 남의 자녀를 존중할 수 있을까? 피가 다른 아이를 입양할 수 있을까? 아들만 낳으려 하는 남아선호사상의 주범이 전통적 조상제사 아니었던가?(지금도 남녀성비의 불균형 제1위가, 조상

제사 고수하는 대구경북지역이란 통계결과가 보여주지 않는가?) 효는 유교만의 전유물 아님. 이 세상 모든 민족이 부모 사랑함. 다만 그 형식만 다를 뿐임.

3) 조상제사를 지내기 이전, 고려시대까지의 한민족은 하늘에 직접 감사제 사를 지냈음. 가을(음력 시월)의 공동제사이자 축제가 그것임. 무천, 영고, 동맹 등. 그러다 주자학 들어오면서 하늘 제사는 중국의 천자만 지내게 되면서, 아 무도 하늘 제사는 지내지 못하게 됨. 오로지 조상제상만 지내게 됨. 그러다가 기독교가 들어오면서 하늘 제사가 부활했음. 우리가 기독교를 전폭적으로 받 아들인 데는 어쩌면 종래의 천신제사 문화가 있었기에 그런 것인지도 모름. 기 독교추도식이 하나님께 예배하면서 그 안에서 고인 주심을 감사하면서 추모 하는 내용으로 되어 있는 것의 의미를 유념할 것. 부모보다 더 근본적인 부모 님인 하나님 섬기는 것일 뿐. 그 안에서 부모님 기억하는 것은 타당한 일임. 천 신 섬기지 않을 때는 고인이 최고이지만.

4) 조상제사의 보편적인 정신과 기능이 중요한 것이지 그 형식이 중요한 게 아님. 형식은 얼마든지 바뀔 수 있음. 바뀌어 왔음. 조상제사의 배경을 이루 었던 철학, 종교, 경제사회구조(농업사회, 대가족제도, 종법제도, 상속제도 등)의 변 화에 따라 얼마든지 가변적임을 알아야 함. 지금까지의 조상제사보다 더 좋 은 문화를 만들어낼 수도 있고 외국에서 새로 받아들일 수도 있음. 조상제사 를 단군할아버지 때부터의 전통문화라고 생각하는 오해에서 벗어날 것. 이왕 에 우리 문화가 된 조상제사의 긍정적인 기능을 극대화하고 부정적인 측면은 최소화하려 하되, 현대사회(종교다원사회, 정보화 사회, 세계화시대)에 맞게 변용해 야만 이어져 나갈 것.

참고자료 2

기제사와 한국 개신교의 추도예배(이복규 논문의 요약)

개신교 가정에서의 변화 : 추도식 혹은 추도예배로의 변용

개신교 가정에서는 제사를 안 지내고 있다. 그 대신 추도식(추도예배)이란 이름의 추모의식을 가진다. 과연 추도식은 제사와 무관한 것일까? 전통 기제사를 비교했을 때 드러나는 차이점과 공통점을 적어보면 다음과 같다.

1. 차이점

첫째, 명칭이 다르다. 전통 유교식 제사는 '기제사' 혹은 '기일제사', '제사'라고 부르지만, 개신교에서는 '추도식' 혹은 '추도예배'라고 부르는 것이 일반적이다. 진보적인 주장으로 '추모제'라는 용어를 쓰자는 의견도 제기되어 있으나 아직은 잘 쓰이지 않고 있다.

둘째, 여성도 동등하게 참여한다. 전통 기제사의 경우에는 아직도 남성이 그 주체로 참여하고, 여성들은 제수를 마련해 보급하는 도우미 역할을 하는 것이 일반적인 데 비해, 기독교 추도식에서는 남녀 모두가 한자리에 모여서, 시작하여 끝나는 시간까지 함께한다.

셋째, 고인에게 드려지는 게 아니라 어디까지나 하나님을 향해 드려지므로, 여러 가지 절차가 없거나 달라진다. 그 양상을 소개하면 다음과 같다.

① 지방이나 신주가 없고, 그 대신 고인의 사진을 놓고 진행하거나 그냥 진행하기도 한다.

② 제상 차리기 절차가 없다. 즉 따로 음식을 준비하지 않는 것이 원칙이다. 상을 차린다 해도, 추도식 후에 참석자들이 함께 먹기 위해서 준비하는 것이지 고인을 위해 준비하는 게 아니므로, 이른바 제수 전용 음식을 따로 준비하

지는 않는다.

　다만 일부 가정(서경대 국제통상학과 2004학번 신미화 학생 가정)에서는 가족 중에 개신교를 믿지 않는 어른이 있을 경우, 여전히 전통 제사에 대한 미련이나 향수가 남아, 배와 사과 등의 과일도 올려놓되 윗부분을 깎지 않고 두도록 요구하는 경우도 있다는 것이 확인된다. 하지만 가족 전체가 개신교도일 경우에는 일상음식만 차려놓고 진행하거나, 아예 음식 없이 추도식을 진행한다. 음식을 차린다 해도, 흰 종이로 덮어둔 채 추도식을 진행하지, 개봉한 채 진행하지 않는다.

　더러는 가족 중에서 기독교식으로만 진행하는 데 대해 강한 거부감을 가질 경우(고인에 대해 어떻게든 정을 표하고 싶어하는 가족이 있을 경우), 절은 하지 않지만, 음식만이라도 차려놓고 예배하자는 쪽으로 타협이 이루어질 때는, 음식상을 개봉한 상태에서 예배를 드리기도 한다. 상황에 따라서 두 의견이 적당하게 절충을 이룸으로써 가족간의 화해를 유지하는 경우라 하겠다. 필자의 가정에서도, 모친께서 기독교 신앙이 돈독하기 전에, 선친의 추도식 때 그렇게 하기를 요청해, 그대로 해드린 적이 있다.

　③ 고인의 영혼을 위해 음식이나 잔이나 절을 드리지 않는다. 하나님을 향하여 찬송하고 기도하며, 하나님의 말씀인 성경을 들어 권면할 따름이다.

　④ 한국 개신교의 추모식순은 대체적으로 일반 예배 형식으로 되어 있어서 전통 기제사와 다르다.

　1) 개식사 2) 신앙고백 3) 찬송 4) 기도 5) 성경봉독 6) 말씀 7) 기도 8) 추모 9) 찬송 10) 축도(주기도) 등의 순서를 기본틀로 하여 일부 가감이 허용되고 있다. 전통 기제사에서는 신이 들어오시도록 문을 열어두는 준비를 하지만 개신교 추도식에서는 하지 않는다.

　'축문 읽기'도 없다. 개신교 추도식순 중에서 기제사의 '축문 읽기' 순서와 가장 근접한 것이 있다면 '추모의 시간'일 것이다. 하지만 이 추모의 순서에서도 절을 하는 게 아니고, 살아있는 사람끼리 고인의 이모저모에 대해 회상하는 기회이기 때문에, 엄격히 말하면 고인을 향한 것은 아니다. 살아 있는 사람 중에서 고인을 잘 모르는 후손에게 고인의 미덕을 가르쳐 그 정신과 업적을 계승하도록 권면하는 의미가 강하다 할 수 있다.

이는 전통 제사의 축문과 비교하면 확인이 가능하다. 주지하듯, "유세차간지 모월간지모일간지 효자○○ 감소고우 현고학생부군 …… 근이청작서수 공신전헌 상향"으로도 된 전통 축문은 국문으로 옮길 경우 "이제 ○○년 ○월 ○일에 큰아들 ○○는 아버님 ○○○ 어른 앞에 감히 밝혀 아뢰나이다. …… 삼가 맑은 술과 갖은 음식을 공경하는 마음으로 받들어 올리오니 두루 흠향하시옵소서." 이렇게 되어 있어, 철저하게 고인을 향한 발화이기 때문이다.

기도의 내용도 마찬가지이다. 고인을 위한 기도는 인정되지 않는다. 생전의 믿음과 행실로 구원 여부가 결정되었기 때문에, 고인의 영혼을 위해 기도할 내용은 없다는 것이 개신교의 교리이기 때문이다. 개신교 추도식순의 '추모'가 고인을 향한 것이 아니라, 고인에 대한, 참석자를 위한 목적을 가지게 된 배경에는, 이미 제시한 바와 같이, 추도식에 임하는 대부분의 기독교인의 의식에, 조상의 혼령은 없거나 활동하지 않는다는 생각이 있기 때문인 것으로 이해된다.

전통적인 영혼관에서는 영혼의 몸을 떠나서도 여전히 지상에 머물러 있기도 하고, 저승에 갔다가 다시 온다고도 믿었지만, 성경을 믿는 기독교인들은 그렇게 생각하지 않기에, 절을 하려 하지 않는 것은 당연한 귀결이라 하겠다. 더구나 십계명에서 우상을 만들지도 말고 절하지도 말라고 했기 때문에, 죽은 조상에게 절하는 것을 우상숭배로 생각해, 신 앞에서 범죄하는 것으로 여기는 것도 거기 함께 작용한다는 것을 알 수 있다.

그런데 한국 개신교 추도식에서 확인되는 '추모의 시간'이 어느 교단, 어느 가정에서나 있는 것은 아니다. 각 교회 혹은 가정에서 추도식을 가질 때, 일사불란하게 교단의 지침을 따르는 것 같지는 않고, 가정(진행자)에 따라 추모의 시간을 가질 수도 있고 생략할 수도 있다는 것을 알 수 있다. 이 '추모의 순서'가 들어가느냐의 여부만 제외하고, 현재 모든 개신교 교단, 교회, 가정의 추도식은 일반 예배에 준하는 형식과 순서로 진행되는 것으로 파악된다. 그런데 '경동교회'처럼 절하는 것을 용인하자는 경우도 있고, 일부 가정에서이지만 '돌아가신 분을 위한 기도'를 넣는 경우도 포함되어 있는 것을 보면, 개신교의 추도식도 극히 제한된 범위에서나마 '가가례'의 양상을 보일 수도 있으리라 여겨진다.

넷째, 기제사에서는 부부를 관행적으로 합사하여 모시다 보니, 현대에 와서 번거롭다는 이유로 2회에서 부1회로 통합하는 경우가 많아지는데, 개신교 추도식에서는 부부가 한 날 돌아간 경우를 제외하고는, 단독으로 추도식을 가지므로 한번으로 통합하는 예는 발견하기 어렵다. 요컨대 기독교 추도식과 전통 유교식 기제사를 비교했을 때 발견되는 차이에서 가장 중요한 것은, 제사가 고인에게 드리는 것이라면, 추도식(추도예배)는 고인을 추모하며 하나님께 예배를 드리는 것이라는 점이다. 기독교에서는 우리가 예배 드릴 대상은 오직 하나님 한분뿐이라 믿기 때문에 나타난 차이이다.

2. 공통점

개신교의 추도식과 전통 기제사는 다르기만 한가? 그렇지 않다. 명칭과 순서가 다르지만 같은 점이 있다. 개신교 추도식과 전통 기제사간에 공통점이 있다는 사실은 일반의 통념에 충격을 줄 만하다고 생각한다.

첫째, 돌아가신 날 진행하는 것을 원칙으로 한다는 점에서 공통적이다. 시간이야 주로 식사시간에 맞추어서 모임으로써, 전통 기제사의 전통에서 멀어졌지만, 앞에서도 말했지만, 돌아가신 날 추도식을 가지려고 노력한다는 점에서 전통 기제사의 강한 영향권 안에 있다고 할 수 있다.

물론 돌아간 분을 특정한 날 추모하는 것이 우리 개신교만의 문화는 아니다. 가톨릭에서 기념일과 관계된 예식으로서 매해의 교회력에 특정한 성자를 추모하는 관습이 있어 왔고, 그 밖의 조상을 함께 묶어 추모하는 '만성절'이 지켜지고 있다. 이런 기념일에 조상의 죽음을 추모하는 것이 아니라 그들의 생애와 업적을 기리는 것이 통례이다. 미국을 위시한 개신교의 영향이 큰 사회에서는 매해 현충일에 지역 사회 나름의 추모행사가 있고, 그 뒤 가족끼리 성묘를 하고 묘 앞에 꽃을 장식하는 풍습이 있다. 하지만 우리나라는 고인이 사망한 날에 추모의 모임을 가진다는 점에서 다른 나라와는 다른 양상을 보이고 있으며, 이는 바로 기존의 기제사 전통을 강하게 의식하면서 이루어진 문화적 습합이라고 해석된다.

둘째, 장남의 집에서 책임을 지는 것이 원칙이라는 점에서 동질적이다. 사당에서 신주를 모시고 지내는 것도 아니고, 아무 데에서나 모여 예배해도 되니 고정적일 필요가 전혀 없으며, 어느 가정에서 지낼 수도 있고, 돌아가면서 지낼 수도 있을텐데 여전히 장남의 집에서 주도권과 책임을 지고 준비하며 진행하고 있는 게 현실이다. 필자의 경험에 비추어 보아도 그렇다. 필자가 나가는 교회(서울 아현동 산성감리교회)의 목회자(이준영 원로목사, 73세) 가정에서도 장남 책임하에 그 댁에서 형제와 친족이 모여 추도예배를 드리고 있다.

셋째, 추도식 후에 음식을 함께 나누어 먹는다는 점에서 공통적이다. 추도식이 끝나면, 미리 준비한 음식을 나누면서 일가친척의 우의를 다지며 신앙 안에서 살아갈 것을 서로 격려하는 뜻 깊은 식탁에 참여하는데, 이는 전통 제사 후의 음복문화가 자연스럽게 기독교적으로 변용되어 이어진 것이라고 할 수 있다.

예배만을 위한 예배라면 굳이 식사시간에 맞추어 드릴 이유가 없을 테지만, 거의 예외 없이, 목회자를 모시든, 가족끼리 모이든, 식사시간에 맞추어서 모여 추도식을 진행한 후에 음식을 함께 나누는 양상도, 기제사 문화를 무의식적으로 계승하고 있다 할 수 있다.

넷째, 그 동기와 목적 면에서의 공통성이다. 고인을 추념하며 그분 안에서 한 가족이라는 의식을 다지고 친교하기 위해서 추도식을 가진다는 것을 주변 기독교인들의 반응에서 확인할 수 있는데, 전통 제사에 참여하는 사람들에게서도 충분히 확인할 수 있는 동기라 생각한다. 일부 기복적이거나 종교적인 동기를 가지고 기제사에 임하는 사람들을 제외하면, 기제사의 의미가, 가문의 전통과 정신을 배우고 같은 뿌리를 가진 친족들을 집합시키고 동족의식을 고취함으로써 화합과 우의를 가져다주는 의미를 지닌다고 보는 것이 일반적인 인식이라고 판단되기 때문이다.

아울러 간과해서는 안될 게 있다. 개신교에서 기제사의 형식처럼, 절을 하지 않는다 해서 불효라고 할 수 있는가이다. 개신교인들은 살아생전에 효도를 극진히 하자는 데 대해서는 더 적극적인 태도 를 가지고 있다. 다만 돌아가시면 그 영혼에게 아무런 영향을 끼쳐드릴 수 없다고 믿기에, 절을 하거나 음식을 차려 제공하는 일을 거부하는 것일 따름이다. 절은 하지 않지만 그분에 대해서 추모를 하며 본받으려 노력하며, 고인의 뜻을 되새기면서 부끄럽지 않은 자손이 되자고, 추도식 시간에 다짐하며 기도한다는 점을 충분히 고려해 주어야 하리라고 생각한다.

개신교의 교리로 보자면, 전통적인 기제사는 어떤 형태로든 사라졌어야 마땅하다. 그럼에도 불구하고, 위에서 확인한 것처럼, 사실상 기제사는 사라지지 않았다. 기제사라는 이름과 기제사의 외적인 형식과 절차만 따르지 않았을 뿐, 추도식이라는 이름과 형태로 이어지고 있다고 필자는 생각한다. 그만큼 전통

문화의 힘은 강하다는 사실을 절감하게 된다.

한국인은 한국문화라는 자장 안에서 태어나서 자라고 살다가 죽어가기에, 다른 문화를 받아들인다 해도, 결국은 전통문화와 완전한 결별을 하지 못하고, 어떤 형태로든 습합을 해야만 마음이 편안하고 떳떳하며, 그래야 안정감과 행복감을 가지기에 자연스럽게 선택한 지혜인지도 모른다.

일반 가정에서의 자연스러운 변화

전통적 기제사는 많은 변모를 일으키고 있다. 비기일화非忌日化 경향, 생전에 좋아하던 음식 올리기, 제수를 대행업소에 위탁하기, 지방紙榜 문구의 간이화(한글화 및 한글 축문의 등장 등), 제주의 비고정화(딸, 차남도), 호텔이나 콘도미니움에서 지내기도 하는 등, 의식과 생활 환경의 변화에 따라 자연스럽게 변모하고 있다.

한국인의
전통적 저승관

죽은 다음 우리 영혼은 어디로 갈까? 외래 종교인 불교나 기독교가 들어오기 전에, 그리고 불교와 기독교가 들어온 이후에도 여전히 우리 한국인의 의식을 지배하는 내세관은 무엇일까?

우리가 전통적으로 생각하는 내세는 '저승'이다. 죽은 사람의 영혼이 다다르는 집단적인 종착지를 저승으로 생각하였다. 우리의 저승은 불교나 기독교의 내세와는 구별된다. 영혼에 대한 구제·구원이 보장되어 있지 않다는 점에서 가장 큰 차이를 보인다. 이승에서 사는 동안에 이곳저곳 이사가며 살듯이, 죽은 영혼이라면 누구나 옮겨가는 또 하나의 공간이요 지역일 뿐, 그 이상도 그 이하도 아니다.

이승에서 사는 동안에 어떻게 살았는지를 따져서 차등 두어 다루지도 않는 곳이 우리의 '저승'이다. 죄를 지었다고 해서 별도의 공간이 마련되어 있는 것도 아니고, 착하게 살았다고 특별한 공간이나 혜택이 주어지는 것도 아니다. 한을 품고 죽은 영혼을 따로 배려해서 행복하게 해준다는 보장도 없다.

선인이든 악인이든, 죽으면 누구나 한자리에 모여서 살게 되는 곳, 어떤 면에서 미분화된 세계라는 성격을 지닌 것이 우리의 전통적 '저승'이다. 굳이 그 색깔을 드러낸다면, 그것은 밝은 색은 아니고 칙칙하거나 어두운 색이다. 우리 속담에 "유월 저승을 지나면 팔월 신선이 돌아온다"고 표현한 것을 보면, 저승은 적어도 행복한 공간은 아니다. "개똥 밭에 굴러도 이승이 좋다", "말똥에 굴러도 이승이 좋다", "거꾸로 매달아도 사는 세상이 낫다"는 속담들도 마찬가지 생각을 드러내고 있다. 아무리 이승이 살기 힘들다 해도 저승보다는 낫다고 하는 이유는, 저승이, 전혀 희망을 보장하는 공간이 아니었기 때문이라고 보인다. 이는 빈민국인 방글라데시 사람들이, 거지로 살아도, 다음 세상에 좋은 곳에서 좋은 존재로 태어날 것으로 믿는 신앙 때문에 행복지수가 세계 최고 수준을 보여주는 것과 분명히 대조되는 면모이다.

저승은 누구나 가게 되어 있되, 거기서 전혀 새로운 것을 기대할 수 없는 빈 장소. 영혼의 구제자도 없고, 영혼의 구제라는 기능도 없는 저승. 그나마, 이승에서 한을 품은 영혼은 저승에 직행하지 못한다고 보았다. 한을 품은 영혼은 육신을 떠나, 정처없이 이승을 헤메고 떠돈다고 여겼다. 민속신앙에서 이른바 '객귀'라고 부르는 귀신은 바로 이들 '떠돌이 넋'이다. '원귀', '원령'이라고 한다.

이 객귀와 원귀는 어떻게든 한을 풀어주어야만 저승으로 간다고 보았다. 그래서 하는 것이 '진오귀굿(오구굿)'이다. 죽은 영혼을 불러내서 그 한을 듣고, 풀어주어야만 비로소 평안한 마음으로 저승길을 떠난다고 믿기 때문이다. 지금도 이 생각은 깊게 깔려 있어 무업이 암암리에 성황을 이루고 있다. 하지만 이승의 한을 풀었다 해서, 그 영혼이 저승에 가서 과연 행복하게 살 것인가에 대해서는 아무런 보장도 없다. 그냥 다른 세상으로 옮겨갈 뿐이다.

그런 의미에서 불교와 기독교의 전래는 일단 우리에게 각별한 의미를 지닌다. 영혼에 대한 구원과 구제를 비로소 약속받게 되었기 때문이다. 어쩌면 불교와 기독교를 한국인들이 환영하며 수용하였던 것은, 우리 내세관(저승관)이 지닌 아쉬움 때문인지도 모른다. 비록 이승에서는 한스러운 삶을 누렸더라도, 내세에서 일정한 보상이 주어진다니, 얼마나 복된 소식이었을까? 특히 국민의 대다수를 차지하던 피지배층 하층민들에게 그 약속은 얼마나 기쁜 소식이었을까? 마음 놓고 편안히 죽을 수 있게 하는 메시지가 아니었을까? 그래서 불교를, 그리고 구한말에는 기독교를 받아들이게 되지 않았을까?

하지만, 불교와 기독교를 믿는 사람들도 여전히 전통적 내세(저승)관념의 영향에서 아주 자유롭지는 않은 게 아닌가 판단해 본다. 여전히 "개똥밭에 굴러도 이승이 좋다"는 생각이, 영원한 내세에 대해 사모하는 생각보다 더 강한 게 아닌가 여겨진다. 그렇지 않고서야, 자신의 이익을 위해서는 서슴없이 여러 가지 악을 저지르는 일들이 꼬리에 꼬리를 물 수는 없지 않을까 생각한다. 지금 내가 하는 행동에 따라서, 내세에서 보응이 주어진다는 생각을 강하게 가지고 있다면, 우리 사회에서 벌어지는 엽기적 수준의 사건은 많이 감소하지 않을까 생각한다.

미국과 영국 문화에서 내가 부러워하는 것은 '거짓말'을 가장 큰 죄로 여긴다는 점이다. '넌 거짓말장이야'가 큰 욕이라고 여긴다니 우리로서는 이해하기 어렵다. 그런데 우리는 어떤가? 거짓말을 물 마시듯 한다는 말이 있는 것처럼, 거짓말 정도는 보통으로 생각하는 경향이 강하다. 불교를 믿든 기독교를 믿든 마찬가지다. 내세 신앙(기독교식으로 말하면, '종말신앙')을 가졌다면 그럴 수 없다. 여전히 전통적 저승관(가봐야 별볼일 없는 곳이란 생각, 여기 살 때 어떻게든, 거짓말을 해서라도 잘 살아야 이익이라는 생각)이 우리를 사로잡고 있는 건 아닐까?

전통문화. 우리 조상이 가졌다는 것만으로, 계속 고수해야 하는 전통문화일 수 없다. 여전히 우리에게 긍정적인 가치, 우리 모두의 삶을 보다 참되고 착하고 아름답고 거룩하게 고양시키는 데 도움이 되는 문화만이 바람직한 전통문화이다. 그렇게 하는 데 하자가 있다면, 다른 나라 문화라도 도입해서 보완해야 한다. 새로운 전통문화를 만들어 가야 한다.

우리 저승관, 그것이 지닌 무차별적 평등주의는 우리가 눈여겨 보아야 하고 이어가려 노력해야 한다. 그게 있었기에 쓰레기통에서 장미가 피어나듯, 아주 짧은 기간에 민주주의를 실현한 게 사실이다.

하지만, 거기에만 머물러서는 허무주의에 빠질 수밖에 없고, 이승에서의 삶을 긴장감을 가지고 윤리적으로 엮어가는 데 해로울 수 있다. 그 폐해는 나날의 어두운 보도를 통해 입증되고 있다. 살만한 세상을 만드는 데, 우리 내세관은 일정한 부분 보완되어야 하며 새로운 전통을 만들어 가야 한다. 홉스봄의 말마따나, 전통은 만들어지는 것이라고 하지 않던가?

제4강
한국인 이름의 특징

머리말

사람에게는 제각기 이름이 있다. '무명 가수'니 '무명 학자'니 하여, 어떤 사람을 일컬어 '이름이 없는 사람(무명인)'이라고도 하지만, 그 가치를 인정받지 못했거나 많이 알려지지 않았다는 뜻이지, 정말로 이름이 없다는 것은 아니다. 이 세상 어느 나라 사람에게나 이름은 있으며, 민족마다 이름 짓는 전통 혹은 문화가 있다.

한국인의 이름은, 아명兒名, 명名(남자의 경우 冠名이니, 곧 어른이 되어서 새로 지은 이름), 자字, 호號 등 다양한 층위로 존재한다. 이 글에서는 명名의 경우만을 대상으로 하여, 몇 가지 사항에 대해 알아보고자 한다. 한국인이 이름에 대해서 가지고 있는 관념은 무엇인가, 한국의 전통 작명 원리에는 어떤 것들이 있는가, 요즈음의 한국인 이름에서 보이는 변화들은 무엇인가, 외국과 비교했을 때 한국인 이름의 특징은 무엇인가, 이런 순서와 내용으로 서술하고자 한다.

이름과 관련한 선행 연구 성과가 이미 몇 편 있다. 하지만 이 글에서처럼 이름 일반의 여러 국면에 대해, 특히 외국과의 비교까지 곁들여서 종합적으로 논의한 사례는 아직까지 없는 것으로 안다.

이름에 대한 한국인의 관념 – 웃어른의 이름 함부로 안 부르기

한국 전통 사회에서는 다른 사람 특히 손윗사람의 이름(名冠 혹은 名)을 함부로 부르는 것을 꺼렸다. 특히 자기 부모님의 이름이 다른 사람에 의해 함부로 불리거나 하면 싸움이 날 정도로 우리의 전통에서는 이름을 함부로 여기지 않았다. 이름이 단순한 기호가 아니라 그 사람의 인격 자체라는 인식이 강하였다 하겠다. 그러다 보니 우리 언어 예절 가운데에는, 누가 아버지의 이름을 물을 경우, 막바로 이름을 대지 않고, "ㅇ자 ㅇ자 입니다" 혹은 "ㅇ자 ㅇ자를 쓰십니다" 이렇게 대답해야만 정확한 표현이며 배운 사람다운 언어표현으로 치부하는 관행이 이어지고 있다.

굳이 이름을 불러야 할 때는 자字나 호號를 불렀는데, 윗사람이 아랫사람을 부를 때는 자를 불러도 되었지만 아랫사람이 윗사람을 부를 때는 반드시 호를 불러야 했다. 호는 아무나 가지지 못하였다. 학덕이 높은 사람만 호를 써서 "율곡 선생님" 이런 식으로 했고, 그렇지 못한 사람은 아무리 본인이 호를 지어놓아도 다른 사람들이 불러주지를 않았다.

왜 우리 옛 선인들이 함부로 이름을 부르지 않았던 것일까? 피휘법避諱法 때문이다. '휘諱'란 '어른의 이름', '제왕·성인·상급자 및 존경받는 사람의 이름'을 뜻하므로, 피휘법은 '제왕, 성인, 존경받는 사람, 부모, 윗사람 등의 이름을 부르거나 이름자를 함부로 쓰지 않는 법'이다. 지금도 인사동 고서

점이나 도서관 고문서실에 가면, 오래된 족보의 경우, 더러 군데군데 비단천 조각이 붙어있는 것을 발견할 수 있는데, 이는 그 집안사람들이 조상의 이름을 감히 보기조차 황송해서 그렇게 한 것이다. 보기조차 꺼렸으니 부르는 것은 더욱 그랬던 것이리라.

피휘법이 제정된 시기는 유교문화의 수용에 적극적이었고 전제 황권을 수립하려 한 고려 광종 15~16년경으로 추정된다. 이때에 태조의 이름 '건建'자와 혜종의 이름 '무武'자와 정종의 이름 '요堯'자를 각각 '입立', '호虎', '고高'자로 대체하여 적었으니, 『삼국유사』 고조선조에서 '개국호조선開國號朝鮮 여요동시與堯同時'라고 해야 할 것을 '요堯' 대신 '고高'로 표기한 것도 그 사례이다. 국가에 의해 피휘령이 내려지기 이전에도 유교적 지식이 많았던 문인들은 글을 지을 때에는 가능한 한 왕의 이름자를 쓰지 않으려 하였다.

고려 선종 즉위년(1083) 11월, 피휘법 관련 공식적인 법령이 발표되었다. 이 조처로 개인의 이름이나 사원, 주, 부, 군현의 이름, 기타 공사건물의 명칭에 왕의 이름자를 사용할 수 없게 되었다. 음이 같은 글자도 마찬가지로 사용할 수 없도록 하였다. 군주의 이름뿐만 아니라 같은 시호를 받은 경우도 고쳤고, 중국 황제 이름과 같은 고려 국왕의 이름도 고쳤다. 이처럼 국휘國諱의 범위가 넓어지자 국왕만이 아니라 태자의 이름도 피휘하여 신료들 중에는 이름을 고쳐야 하는 경우도 있었다. 예컨대 고려조의 안유는 조선 세조의 이름과 같은 음이기 때문에 안향으로 조선조에 바뀌어 칭하여졌고, 성종의 이름이 '치治'자이므로 '이理'로 바꾸어 써서, 조선 중종 때 찍어낸 『삼국유사』 박혁거세조의 '광명치세光明治世'가 '광명이세光明理世'로 된 것이 그 예이다.

고려의 피휘법은 이후 조선조에도 계승되었는데 조선 국왕의 이름이 옥편에 없는 글자들, 이른바 벽자僻字들로 지어진 것은 이 때문이다. 도祹(도; 세종), 향珦(향; 문종), 유瑈(유; 세조), 산祘(산; 정조)처럼 자주 쓰지 않는 글자를 동원하여 작명하고 있는 것이다. 특히 흥미로운 점은, 세조의 큰아들 덕종은 원래의 이름은 숭崇이었으나, 세조가 단종을 제거하고 왕위에 오르면서 세자로 신분이 바뀌자 장暲으로, 선조도 균鈞이었으나 등극하자 연昖으로, 고종도 아명은 명복命福, 이름은 재황載晃이었으나, 등극하자 희㷩로 개명한 사실이다. 왕의 이름은 그 뒷사람이 쓸 수 없으므로, 백성의 부담을 줄여주기 위해, 벽자로 개명한 것이다.

고려시대에 엄격히 지켰던 피휘법, 그 중에서도 국휘법國諱法은 민주사회인 오늘날의 기준으로 보면 매우 불합리한 일로 여겨진다. 왕의 이름자, 심지어 음이 같은 글자도 쓰지 못하고, 이를 어길 경우, 대역죄, 불경죄로 관직에 나아가지 못함은 물론이고 때로 목숨까지 왔다갔다 하는 상황은 오늘날에는 상상하기 힘든 일이다.

과거 이스라엘 역사에서, 여호와 혹은 야훼 신의 이름을 차마 부르지 못해, 성경을 필사하거나 낭송하다가 '여호와' 혹은 '야훼'가 나오면 차마 그대로 쓰거나 발음하지 못하고, '아도나이(主)'라고 달리 읽었는바, 그 결과 그 신의 정확한 발음을 잊어버리고 말아, 우리말 개역성경에서도 "여호와"인 줄로만 알고 적어오다 최근 들어 "야훼"가 근접한 발음이라는 학계의 연구 성과를 받아들여 공동번역 성경부터는 "야훼"로 적고 있는 실정이다. 요컨대 이스라엘에서는 종교적 동기로, 신에 대해, 그같은 형태의 피휘법이 존재하였다는 사실은 확인되나, 사람의 이름에 대해서는 전혀 그렇지 않았다는 것을 알 수 있다. 우리에게는 야훼 같은 유일신 관념이 이스라엘에 비해 희박하다 보니, 왕이나 조상의 이름을 꺼리는 양상으로 피휘의식이 나타난 것이 아닌가 해석된다.

이제 국휘법은 사라졌으나, 윗사람의 이름을 함부로 부르지 않으려는 의식만은 지금도 여전하며, 특히 아버지나 할아버지 이름에 사용된 글자는 피하려는 의식이 강하게 남아 있으므로, 한국인의 경우 피휘법에서 완전히 자유롭지는 않다 할 수 있다. 우리와는 달리 이스라엘에서는 조상의 이름을 그 대로 후손이 사용하는 게 흔하다는 것을 성경을 통해서 알 수 있고(요셉, 유다 등), 일본의 경우, 아버지나 어머니 이름자에서 한 글자씩을 따다가 자녀의 이 름을 짓는 게 일반적이며, 여성의 경우, 할머니가 돌아가신 다음에는 할머니 의 이름을 통째로 가져다 이름을 짓기도 한다고 하니 우리와는 다르다는 것 을 알 수 있다.

한국인의 전통 작명 원리

한국에서 사람 이름을 지을 때 전통적으로 즐겨 이용한 방법 혹은 원리에 는 어떤 것들이 있을까? 다음과 같이 두 유형으로 나뉜다. 집안마다의 항렬자 를 따라서 짓는 유형, 노비나 여성의 경우처럼 항렬자를 따르지 않고 다른 방 식으로 짓는 유형이다.

집안의 항렬자를 따르는 방식은 주로 양민 이상의 남성들에게, 항렬자를 따르지 않고 달리 짓는 방식은 노비나 여성들에게 적용되었던 것을 알 수 있 다. 항렬자를 따르는 유형도 다시 세분되는데, 오행을 기준으로 하기, 십간을 기준으로 하기, 십이지를 기준으로 하기, 일이삼사오륙 순서로 하기, 28개 별 자리(28수) 순서로 하기, 절충하기 등으로 구분된다. 집안의 항렬자를 따르지 않는 경우도, 출생 상황을 반영하기, 부모의 소망을 반영하기, 외모의 특징을 반영하기 등으로 나뉜다.

집안의 항렬자를 따라 짓기

항렬자란 돌림 자字라고도 하는데, 우리의 이름에서 항렬行列을 나타내는 자字를 말한다. 각 가문마다 일정한 항렬자가 정해져 족보에 명시되어 있어서, 원칙적으로 모든 남성들은 이를 따라서 이름을 지어야 했다. 성을 포함하여 보통 석 자로 되어 있는 게 우리의 성명이라면, 그 세 글자 중에서 아버지로부터 물려받은 성에다 족보에 규정된 항렬자까지 이미 주어져 있으니, 오직 나머지 한 글자만 정하면 되었다. 그만큼 선택의 범위가 제한되어 있다고 할 수 있다. 앞에서 이미 말했듯이, 항렬자를 따르는 데에도 여러 가지 경우가 있다. 오행, 십간, 십이지, 일이삼사 순서를 따르기 및 절충하기 등이 그것이다.

① 오행의 순서를 따르기

주지하는 바와 같이, 오행五行은 동양 특히 동아시아 한문문화권의 우주론 혹은 존재론에서, 세상 만물을 이루는 기본 요소로 인식되어 왔다. 木 火 土 金 水이 그것인데, 이들이 독립된 것이면서도, 상호간에 일정한 선후 및 유기적인 관계가 있어, 상생 혹은 상극 작용을 하는 것으로 생각해 왔다. 水生木, 木生火, 火生土, 土生金, 金生水로 일컬어지는 상생相生, 金剋木, 木剋土, 土剋水, 水剋火 등으로 일컬어지는 상극相剋 관계가 있다는 것이다. 조선조 초기에, 李씨가 집권하면서, 金씨의 발음을 '금'이 아닌 '김'으로 고쳐 부르게 했다는 전승도 바로, 金이 木과 상극 관계라서, 그냥 두면 木자 성인 이씨 왕조에 해롭다고 보는 인식 때문에 형성된 전승이라 할 수 있다.

이름을 지을 때도 마찬가지다. 몇몇 가문에서 현재 따르고 있는 항렬표를 보면 다음과 같다.

〈파평 윤씨〉

泳(영) 林(림) 容(용) 在(재) 鍾(종) 源(원) 相(상) 燮(섭) 基(기) ―(함안파)

泰(태) 秉(병) 燮(섭) 在(재) 鎬(호) 永(영) 相(상) 顯(현) 培(배) 鍾(종) 源(원)

秀(수) ―(남원파)

汝(여) 來(래) 熙(희) 奎(규) 鍾(종) 泰(태) 相(상) 烈(렬) 在(재) ―(덕산군파)

柱(주) 榮(영) 土(토) 儀(의) 水(수) 相(상) 燮(섭) 基(기) 鎔(용) 源(원) 東(동)

熙(희) 鎭(진) 滋(자) 相(상) 炳(병) 重(중) 錫(석) 汝(여) 植(식) 燮(섭) 載(재)

鍾(종) ―(대언공파)

〈단양 우씨〉

鉉(현) 永(영) 植(식) 燮(섭) 基(기) 鎬(호)

〈함안 조趙씨〉

濟(제) 來(래) 顯(현)

〈창녕 조曺씨〉

承(승) 秉(병) 煥(환) 圭(규) 鉉(현)

〈의령 남씨〉

基(기) 鉉(현) 潤(윤) 植(식) 炳(병) 均(균) 鎭(진) 求(구) 柱(주) 燮(섭)

圭(규) 鎬(호) 淳(순) 根(근) 榮(영) 瓚(찬) 鍾(종) 洙(수) 禎(정) 燁(엽)

周(주) 鎰(일) 永(영) 杓(표)

오행의 원리를 따르되, 다섯 가지를 다 반영하지 않고 일부 요소만 반영하여 작명하는 경우도 있다. 고령 신씨의 경우, 고려 때는 항렬자를 사용하였으나 1650년부터 '水 木'자를 반복하고, 한산 이씨의 경우, 고려 말 때는 항렬자를 사용하였으나 1700년대부터 '火 水 木'자를 쓰고 있다.

② 십간+干의 순서를 따르기

십간+干 즉 甲(갑), 乙(을), 丙(병), 丁(정), 戊(무), 己(기), 庚(경), 辛(신), 壬(임), 癸(계)의 순서를 따라서 이름을 짓기도 한다. 위의 오행식 작명과 마찬가지로, 십간이 들어가 있거나 자형상 그렇게 볼 수 있는 한자를 빌어다 쓴다. 여기 해당하는 집안의 항렬자표를 보이면 다음과 같다.

〈전주 이씨(효령대군파)〉

寅(인) 凡(범) 會(회) 宇(우) 儀(의) 起(기) 康(강) 宰(재) 廷(정) 揆(규)

〈풍양 조趙씨〉

東(동) 九(구) 南(남) 衍(연) 誠(성)

③ 십이지+二支의 순서를 따르기

십이지+二支 즉 子(자), 丑(축), 寅(인), 卯(묘), 辰(진), 巳(사), 午(오), 未(미), 申(신), 酉(유), 戌(술), 亥(해)의 순서를 따라서 이름을 짓기도 한다. 강릉 김씨가 그런 경우이다.

〈강릉 김씨〉

學(학) 秉(병) 演(연) 卿(경) 振(진) 起(기) 南(남) / 午(오)(午는 방위로 보면 南

쪽이므로 대체하기도 함. 위에 나온 풍양조씨의 항렬자 '南(남)'도 마찬가지 경우임.)

④ 숫자의 순서를 따르기

一, 二, 三, 四, 五, 六, 七, 八, 九, 十 이렇게 숫자 순서대로 짓는 경우이다. 숫자 그대로 반영하기도 하지만 대부분은 해당 숫자가 들어있는 한자를 빌어다 쓴다. 안동 권씨가 이런 방식으로 작명한다.

〈안동 권씨〉

丙(병) 重(중) 泰(태) 寧(녕/영) 五(오) 赫(혁) 奇(기) 純(순) 容(용) 九(구) 升(승)

⑤ 절충식
㉠ 10간과 12지의 혼합

〈전주 이씨(효령대군파)〉

寅(인) 凡(범) 會(회) 宇(우) 儀(의) 起(기) 康(강) 宰(재) 廷(정) 揆(규)
學(학)/存(존) 庸(용) 演(연) 卿(경) 振(진)

㉡ 일월日月과 一, 二, 三, 四, 五의 혼합

〈반남 박씨 가문〉

齊(제)/陽(양) 勝(승) 緒(서) 贊(찬) 雨(우)/雋(준)/夏(하) 天(인)/仁(인)
持(지) 春(춘)/承(승) 憲(헌)寧(녕/영) 吾(오)/五(오) 章(장)/宰(재)
虎(호)/純(순) 謙(겸)/善(선) 旭(욱)/九(구) 平(평)/斗(두)

이상 항렬자를 따르는 경우의 다섯 가지 유형을 제시하였는데, 二十四 별자리의 순서를 따르는 경우(고려시대 이규보 집안의 경우)도 있다. 천지현황天地

玄黃의 순서로 짓는 방식도 있다고 하나 아직 확인하지는 못하였다. 필자가 과문하여 다 소개하지 못하였지만, 여타의 방식도 있을 수 있다. 하지만 이상 다섯 가지가 한국인의 이름 문화에서 항렬자를 따라 작명하는 가장 대표적이고 흔한 방식인 것만은 분명하다고 보인다. 위에 제시한 사례를 바탕으로 다음 두 가지 사항을 주목할 필요가 있다고 생각한다.

첫째, 아버지 대의 항렬자가 맨끝에 오면, 아들 대의 항렬자는 중간에, 그 다음 대는 다시 끝으로, 이런 식으로 놓이게 하는 것도 불문률로 되어 있다는 것을 알 수 있다. 반남 박씨 집안의 항렬자 규정이 이 점을 잘 보여주고 있다.

반남 박씨 33세(32대)	호虎 순純	(예) 박○호 /박○순
반남 박씨 34세(33대)	겸謙 선善	(예) 박겸○ /박선○
반남 박씨 35세(34대)	욱旭 구九	(예) 박○욱 /박○구
반남 박씨 36세(35대)	평平 두斗	(예) 박평○ /박두○

둘째, 같은 오행이라 하더라도, 집안에 따라, 해당 한자는 다양하게 지정하고 있다는 점이다. 심지어는 같은 성씨라 하더라도 파에 따라 다른 글자를 지정하여, 그 글자만 보아도, 어느 계파인지 드러나게 되어 있다. 안동 권씨 집안의 항렬자 규정이 이 점을 잘 보여준다. 예컨대, 맨 앞의 '一(일)'자 항렬자가 계파에 따라, '丙(병)', '大(대)', '萬(만)', '三(삼)'자 항렬자도 '泰(태)', '春(춘)', '龍(용)' 등 다양함을 알 수 있다.

병(丙) 중(重) 태(泰) 영(寧) 오(五) 혁(赫) 순(純) 용(容) 구(九) 승(升)

대(大) 종(宗) 춘(春) 헌(憲) 숙(肅) 기(奇) 택(宅) 준(俊) 숙(塾) 협(協)

만(萬) 인(仁) 용(龍) 탁(鐸) 오(悟) 경(景) 처(處) 열(說) 궤(軌) 사(士)

같은 계파의 경우, 다섯 대가 지나면 똑같은 글자를 다시 씀으로써, 윗대에서 쓴 글자를 후손이 다시 써야 할 부담이 생길 수 있는데, 이를 피하기 위해, 한 사이클이 돌아가고 나면 새로운 글자를 써서, 조상의 이름을 함께 쓰는 일이 없도록 장치해 놓고 있다. 피휘법의 전통이 작용하고 있다 하겠다. 파평 윤씨 함안파 집안에서, '水'자 항렬을 윗대에서는 '泳(영)'으로, 아랫대에서는 '源(원)'으로 쓰는 경우가 그 예이다.

泳(영) 林(림/임) 容(용) 在(재) 鍾(종) 源(원) 相(상) 燮(섭) 基(기)
―(파평 윤씨 함안파)

우리나라에서 항렬자를 따라 작명하는 전통이 얼마나 강했는지 실감하게 하는 일화가 있다. 1890년대 후반, 강화도에 개신교가 전파되었을 때 실제 일어난 일이다. 1890년대 후반, 강화도 북단 홍의 마을에 복음이 들어왔다. 그 마을 훈장으로 있던 박능일이 먼저 복음을 받아들이고 온 마을 사람이 함께 믿어 세례를 받기에 이르자, "우리가 예수 믿고 교인이 된 것은 옛사람이 죽고 새사람이 되었음을 의미한다. 새로 태어난 아기에게 이름을 지어 주듯 거듭난 우리가 새 이름을 갖는 것은 당연하다."면서 이름을 새로 짓는데, 베네딕토, 프란체스코, 베로니카처럼 천주교식으로 서양식 이름을 쓰거나 모세, 요한, 라헬 같은 성경 이름을 따르지 않고 한국의 전통 작명법을 따라, 그것도 돌림자 전통으로 개명했다. "우리가 비록 집안은 다르지만 한날 한시에 세례를 받아 한 형제가 되었다. 그리고 우리가 이 마을에서 처음 믿었으니 모두 한 일―자를 돌림자로 하여 이름을 바꾸자."고 하여, 성은 그대로 유지하되, 마지막 자를 한 일자로 통일하여, 제비뽑기를 하여, 박능일, 권신일, 권인일, 권문일, 권청일, 권혜일, 김경일, 김부일, 종순일, 주광일, 장양일 등으로 작명한 것이다.

이 사실은 한국의 돌림자 전통이 얼마나 강하였는지 반증하고 있다 하겠다.

항렬자를 따르지 않고 짓기

　모두가 항렬자를 따라서 이름을 지었던 것은 아니다. 조선시대의 고소설 작품이나 『묵재일기默齋日記』(1535~1567), 『불설대보부모은중경언해佛說大報父母恩重經諺解』(1687)와 『동국신속삼강행실東國新續三綱行實』(1617) 같은 문헌을 보면, 주로 노비나 여성의 경우이지만, 집안의 항렬자와 무관하게 작명하는 경우도 있었다는 것을 알 수 있다. 이것도 여러 가지 유형으로 나뉜다.

① 출생 상황 또는 외모 · 재능상의 특성을 반영한 경우
㉠ 태몽
　〈춘향전〉의 남자 주인공인 '이몽룡李夢龍'의 작명 원리는 태몽의 내용을 그대로 반영한 것이다. 그 부모가 꿈에 용을 보고 낳았다 해서 붙인 이름으로 소개되어 있기 때문이다. 이런 사례는 고소설에서 흔하게 발견된다. 고려시대의 문호 이규보李奎報의 경우에도, 꿈에 '규성奎星'이란 별의 선관이 나타나 탄생을 예고하였기에 붙여진 이름으로 알려져 있어, 이 전통이 오래되었다는 것을 알 수 있다. 요즘에도 존재할 수 있는 작명 유형이라 생각된다.

㉡ 출생 시기
　전통시대의 여성 이름에서 많이 보이는 三月, 九月(이상 『묵재일기』 소재) 등의 이름은 출생 시기를 그대로 드러낸 경우라 할 수 있다. 양반 가문에서도, 병인생이라 하여 仁燮(인섭), 갑오년생이라 하여 甲洙(갑수)라 작명한 경우가 보인다.

ⓒ 출생 장소

부엌쇠, 마당쇠 등의 이름은 출생한 장소를 반영한 이름들로서, 필자의 고향 마을에 살던 남성들의 이름이다. 『묵재일기』 소재 노비의 이름인 북질간 北叱間(뒷간), 「간경도감변상도」의 洪介末致(홍개밑에) 같은 사례도 보인다.

ⓓ 서열

남매 중의 출생 서열을 반영한 경우도 있다. 첫째를 나타내는 '태太'나 '원元'자 들어가는 이름들(太爕, 元淳), 셋째딸을 의미하는 '삼순三順', 넷째딸을 의미하는 '사순四順', 막둥이를 나타내는 亡乃(막내), 莫同(막둥), 㐒致(긋티) 등이 그 예이다.

ⓔ 외모

小斤(작은), 甘丁(검정), 甘同(검둥), 億今(얽음) 甘實(감실)(이상 『묵재일기』 소재), 巨墨介(거묵개), 居墨伊(거묵이), 古邑丹伊(곱단이), 古邑同(곱동), 古溫介(고온개), 立分德(입분덕), 於汝非(어여비), 入分伊(입분이), 足古萬(족고만), 古孟伊(고맹이), 同古里(동고리). 이들 이름은 작다거나 검다거나 얽었다든가, 한결같이 용모의 특징을 반영하여 지은 것들이라 하겠다. 이 같은 작명법은 동부여의 왕이었던 금와金蛙에게서도 확인된다. 돌 밑에서 발견될 당시, 그 모습이 금개구리 모양이라서 그렇게 이름을 지었다고 삼국유사가 기록하고 있기 때문이다. 요즘 '날씬이'란 이름이 더러 눈에 띄는데 이런 작명의 연장선상에 있다고 여겨진다.

ⓕ 재능상의 특징

고구려 시조 주몽朱蒙의 경우, '활을 잘 쏘는 사람'이라는 뜻으로 삼국사기에 기록되어 있는데, 이 경우는, 출생과 동시에 지은 이름이 아니라, 자라는 과정에서 지은 이름으로 보인다. 〈늑대와 춤을〉이라는 인디안 소재 영화에서 보듯, 인디언 사회에서는, 우리와는 다르게, 아이의 이름을 출생과 함께 짓지 않고, 자라는 과정에서 그 특징이 부각될 때 비로소 그 특징을 반영하여, '주먹쥐고 일어서(인디언 여성의 이름)' 혹은 '발로 차는 새(제사장의 이름)' 등으로 짓는데, 주몽朱蒙도 그런 유형으로 보여 특이하다.

부모의 소망을 반영한 경우

金同(금덩이), 語非(업신), 복이福伊·선이仙伊·홍이弘伊, '嚴全, 奄全, 音全, 音田, 陰田(음전이, 얌전이)' 등의 이름은, 그런 사람이 되기를 바라는 부모의 염원이 반영된 경우라고 할 수 있다. 介同/季同(개똥)은 역설적인 소망이라고 할 수 있는 경우로서, 이렇게 천하게 지음으로써 잡귀의 질투를 예방하여 무병 장수하기를 바라는 소망에서 지어진 이름으로 풀이된다. 막녀莫女는 더 이상 딸이 태어나지 말고, 아들 출산하기를 희망하여 지은 이름이므로 여기 포함할 수 있다.

부모의 감정을 반영한 경우

'府內(부내), 粉內(분내), 粉年(분년), 粉老味(분노미), 痛忿(통분)'·'西云(서운), 西雲(서운), 西元(서원)' 등은 아이를 출산한 직후 느끼는 부모의 감정을 반영한 경우로 보인다. 아들을 낳기를 바랐는데 딸을 낳아서 가지는 감정을 여과 없이 드러낸 경우라 하겠다.

여자 형제끼리의 돌림자 쓰기

대부분의 집안에서, 여성의 이름은 항렬자를 따라서 짓지 않는다. 하지만 자매간에는 가능하면 같은 글자를 이용하여 작명함으로써 자매간임을 드러내려는 경향이 있다. 연안 이씨 가문의 '이영李英 이순영李順英 이영숙李英淑', '이연숙李燕淑, 이현숙李賢淑', 밀양 박씨 가문의 '박신정朴信貞, 박신애朴信愛', 광산 김씨 가문의 '김순례金順禮, 김순자金順子, 김범순金範順'등의 이름이 그 예이다.

한국인 작명의 새로운 변화들

항렬자 안 따르기

요즘들어 항렬자를 따르지 않는 사례가 늘고 있다. 학생들을 상대로 조사해 보고, 주변 인사들과 만날 때마다 확인해 본 결과, 안동 권씨처럼 비교적 보수적인 집안에서도 아들의 이름을 지을 때, 항렬자에 연연하지 않는 경향이 확인된다. 그 이유를 알아본 결과, 원하는 이름을 이미 남이 다 차지했으므로, 좀더 부르기 좋고 뜻도 좋은 이름을 짓기 위해서는 항렬자를 포기할 수밖에 없어서 그랬다는 것을 알 수 있다.

김해 김씨 집안에서 원래는 '종鍾'자가 항렬자이지만, 이를 따르지 않고 '원근原槿'으로 지은 경우, 평강 채씨 집안에서 원래는 '수洙'자를 따라야 하지만 '승진承珍'으로 지은 경우 등이 그 예이다. 여성의 경우는 특별한 가문이 아닌 한 항렬자를 안 따르는 게 일반적이었으므로, 여기에서 따로 거론하지 않는다.

순우리말 이름으로 짓기

① 성과 명을 통합하여 하나의 개념 만들기
'이루세'처럼 성과 이름이 합쳐져야만 일정한 의미를 형성하는 경우이다. 하지만 성과 명을 구별하는 것이 우리의 전통이며 세계 작명의 일반 원칙이니, 성과 명을 통합하여 하나의 개념을 드러내는 '이루세'식 순우리말 작명은 바람직하지 않다. '이루세'니 '정다운'류의 이름은 우리 전통은 물론 인류 보편의 작명 원칙에서 어긋난 경우이니 지양해야 한다. 실제로 부르거나할 경우, 성은 빼고 '이름'만 부르는 게 일반적이고 보면, '루세'나 '다운'이라 불러야 할 때 어떻게 되겠는지 생각해 볼 일이다. 그렇다고 꼬박꼬박 성과 이름을 함께 부른다는 것도 피차 곤란한 일일 것이다.

② 명만을 순우리말로 짓기
'여보람'처럼 이름만을 순우리말로 짓는 경우이다. '권보드래'도 마찬가지 경우이다. 바람직한 우리말 이름이라 하겠다. 성과 분리해도 그 자체로서 의미를 가지고 있기 때문이다.

부모의 성을 동시에 반영하기

'조한혜정', '이박혜경' 처럼 아버지와 어머니의 성을 함께 반영한 경우가 있다. 남녀평등 혹은 양성평등 시대를 맞아, 아버지의 성만을 반영하던 전통에서 벗어나고자 하는 의식이 투영된 경우라 하겠다. 이는 성에 대한 것이므로,

이름을 다루는 이 글에서 본격적으로 다룰 현상은 아니지만, 얼른 보았을 때, '조한혜정'에서 '한혜정'을 이름으로 여길 수 있기에 지적해 두고자 한다.

믿는 종교의 경전이나 인물을 차용하기

'張深溫(시몬)', '배드로(베드로)', '장한나' 등의 이름은 그 가정에서 믿는 종교에서 존숭하는 인물의 이름을 빌어다 작명한 경우이다. 여기 소개한 경우는 모두 기독교 경전인 성경에 등장하는 인물들로서, 시몬이나 베드로는 예수님의 수제자인 '시몬 베드로', '한나'는 선지자 사무엘을 기도로 얻은 여성의 이름을 따서 지은 이름들이다. 그렇게 위대한 신앙을 가지라는 부모의 희망을 담았다고 하겠다. 이는 앞에서 제시한 '부모의 소망을 반영하기' 유형에 속한다고도 할 수 있겠으나, 개신교를 받아들이면서 새로 생겨난 작명 유형이므로 여기에 따로 언급하였다.

영어식 이름으로도 쓸 수 있는 이름으로 짓기

이른바 세계화 시대를 맞아, 영어식 이름의 필요성이 증대하고 있는데, 작명소에서도 요즘 들어, 우리 이름을 지을 때 아예 영어화하기 좋은 이름으로 지어주는 방향으로 바뀌고 있다는 것을 인터넷 보도 및 작명소 검색을 해보면 금세 확인할 수 있다. 예컨대 필자의 이름인 '이복규'는 국내용으로는 별 문제가 없다 할 수 있으나, 영어로 표기하기도 어려운 데다, 자칫하면 욕설로 들거나 읽힐 가능성까지 있어, 세계화하는 데는 문제가 있는 이름이다. 하지만 '수지'란 이름을 비롯해, 바로 앞에서 소개한 '장한나', '장심온(시몬)' 등의 이름은 영어로 표기해도 영어 이름으로 인식될 수 있어 유리하다. 이런 점을 고려하여, 집안에서 혹은 작명소에서 영어 이름화하기 좋은 이름을 지으려는 경향이 나타나고 있으며 시간이 흐르면 더 강화될 것으로 전망된다.

한국인 이름의 특징

우리나라 사람들의 이름이 어떤 특징을 지녔는지는 외국과 비교해 보아야만 드러난다. 중국, 일본, 미국을 비롯하여 다른 나라 사람의 이름 문화와 비교하여 포착된 차이점을 열거해 보면 다음과 같다.

첫째, 이름에 대한 관념 면에서, 웃사람의 이름을 거론하거나 답습하는 것을 꺼리는 의식이 우리나라 사람에게는 아주 강하다. 조상의 이름을 그대로 물려받아, 여러 대에 걸쳐서 동일한 이름을 쓰기도 하는 이스라엘, 미국 등과는 판이하다. 특히 러시아에서는 두 번째 이름에 필수적으로 그 아버지의 이름이 반영되는 게 관례화되어 있는바, 우리와는 크게 다르다 할 수 있다.

둘째, 우리는 돌림자 즉 항렬자 전통이 강하며, 오행이나 십이지 십간을 따라서 짓는 게 일반적인데 다른 나라에는 없는 특징이다. 일본에는 항렬자가 없으며, 중국에도 우리식의 항렬자는 없다. 중국의 항렬자는, '세민창성世民昌盛'처럼 일정한 문장을 이루는 어구로 되어 있지, 우리처럼 오행이나 십이지, 십간을 반영하는 항렬자는 아니어서 구분된다. '세민창성世民昌盛'처럼 일정한 의미가 있는 어구나 문장류의 항렬자이다. 요즘에는 부르기 좋고(소리가 좋고) 뜻이 좋은 이름을 선호하는 경향이 강한데, 이는 일본이나 우리나라의 최근 추세와 상통하는 점이라 하겠다.

셋째, 성소명다姓少名多 현상도 특징적이다. 우리는 성은 제한되어 있는데 이름은 매우 많지만, 일본이나 유럽은 성다명소姓多名少 즉 성은 많은데 이름은 적다. 우리나라 사람들의 성은 270 가지 정도라고 하지만, 김, 이, 박, 최 씨 등 이른바 10가지 정도의 성씨가 대다수를 차지하고 있고, 나머지 성씨가 차지하는 비중은 낮다. 그래서 길거리에서 "김씨!" 하고 부르면 수많은 사람이 쳐다볼 가능성이 높다. 대통령만 해도, "김 대통령"이라고 하면, YS (김영삼 대통령)인지 DJ(김대중 대통령)인지 헷갈린다. 하지만 일본이나 유럽은 다르다. 일본 수상이나 미국 대통령의 수는 우리보다 훨씬 많지만, "다나카 수상"이나 "링컨 대통령"이라고 했을 때 동명이인이 일체 없을 정도이다. 그만큼 성이 다양하다는 이야기이다. 실제로 일본의 경우, 그간 20만 개로 알려졌던 성이 무려 30만개에 이르렀다고 하니 우리와는 판이한 사정임을 알 수 있다. 우리는 "성을 간다"는 것을 더없는 수치와 모욕으로 여기나, 일본에서는 결혼해서 분가하면 얼마든지 성을 갈 수 있는 분위기이니(새로운 성을 만들 수 있으니) 당연한 결과인지도 모른다. 이름은 어떤가? 우리나라 사람들의 이름은 매우 개별적이다. 같은 이름이 그다지 많지 않은 편이다. 물론 여성의 이름에서 같은 이름이 발견되기도 하지만, 유럽 여성의 이름과 비교하면 아무것도 아니다. 예컨대 독일 학교에서 "한스!"하고 부르면 아주 여러 명의 남학생이 동시에 손을 든다고 하지만, 한국에서 그런 일이 일어날 가능성이 매우 낮다고 할 수 있다. 2007년도 서경대 전통문화이해 강의 출석부에 기록된 100명의 학생 가운데에서, 여학생의 경우는 희정, 지연 등의 이름이 서너 개씩 발견되기도 하지만, 남학생의 경우는 찾아볼 수 없으며, 다른 과목의 경우에도 비슷하다. 어쩌다 같은 이름이 나온다 해도 한자 표기까지 고려하면 변별이 가능하리라 생각한다.

넷째, 우리 이름은 성과 명, 이렇게 두 단위로 이루어지며 성 다음에 명이 오는 순서이다. 한국에서는 '이복규'하면, '이'가 성이고, '복규'가 명이다. 철저하게 두 단위로 되어 있고 성 다음에 명이 오는 구조이다. 하지만 유럽의 경우는 다르다. 제1이름(first name 혹은 given name), 제2이름(second name 혹은 middle name), 제3이름(family name : 성) 이렇게 세 단위로 이루어지는 게 보통이며, 이름 다음에 성이 온다. 제1이름은 '부르는 이름', 제2이름은 주로 외가에서 붙이거나 외가를 따른 이름, 제3이름은 우리나라로 말하면 성姓으로서 아버지쪽 가계를 나타낸다. 예컨대 '조지 W 부시'의 경우, '부시'가 성이고 '조지 W'가 각각 제1이름과 제2이름이다. 귀족 가문의 경우, 아버지와 아들의 이름(제1, 제2, 제3 이름)이 똑같은 것은 물론 할아버지의 이름과도 똑같은 경우가 흔한데, 편의상 1세, 2세 혹은 시니어, 주니어를 붙여서 구분한다. 러시아 사람의 이름도 마찬가지이다. 개혁 개방의 물꼬를 틀어 유명한 고르바초프 대통령의 경우, 본명이 '미하일 세르게이비치 고르바초프'인데, 제1이름(미하일), 제2이름(아버지 이름. 세르게이비치-세르게이의 아들), 제3이름(고르바초프), 이런 구조이다. 아버지의 이름을 아들이 쓴다는 것은 우리로서는 상상하기 어려운 일이나, 러시아에서는 법칙화되어 있다는 것을 알 수 있다. 그 제2이름을 보면 그 사람 아버지 이름이 누군지 금세 알게 되어 있는 것이다.

맺음말

이상에서 기술한 내용을 요약 정리하면 다음과 같다.

첫째, 이름에 대한 한국인의 관념은 웃어른의 이름을 함부로 안 부르려 한다는 점이다. 이름을 단순한 기호로서가 아니라 인격 자체로 인식한 결과라고 보인다. 이를 피휘법避諱法이라고 하는바, 역대 왕들의 이름을 짓거나 표기하는 데에서 쉽게 발견할 수 있다. 남북한 모두 조상의 이름에 들어있는 글자를 후손이 쓰는 것을 금기시하는 것도, 전통 피휘법의 계승이라고 해석된다.

둘째, 한국인의 작명 원리에는 크게 두 가지 유형이 있다. 항렬자를 따라서 짓는 유형, 항렬자를 따르지 않고 다른 방식으로 짓는 유형이 그것이다. 집안의 항렬자를 따르는 방식은 주로 양민 이상의 남성들에게, 항렬자를 따르지 않고 달리 짓는 방식은 노비나 여성들에게 적용되었던 것을 알 수 있다. 항렬자를 따르는 유형도 다시 세분되는데, 오행을 기준으로 하기, 십간을 기준으로 하기, 십이지를 기준으로 하기, 일이삼사오륙 순서로 하기, 28개 별자리(28수) 순서로 하기, 절충하기 등으로 구분된다. 집안의 항렬자를 따르지 않는 경우도, 출생 상황을 반영하기, 부모의 소망을 반영하기, 외모나 재능상의 특징을 반영하기 등으로 나뉜다.

셋째, 한국인 작명의 새로운 변화들로 몇 가지가 포착된다. 항렬자 안 따르기도 그중의 하나로서, 좋은 이름은 이미 남들이 선점해 버려, 좀더 부르기 좋고 뜻도 좋은 이름을 짓기 위해 불가피하게 그렇게 바뀌고 있다는 것을 알 수 있다. 순우리말 이름으로 짓기, 부모의 성을 동시에 반영하기, 믿는 종교의 경전에 등장하는 인물의 이름을 차용하기, 영어 이름으로 전환하는 데 유리한 이름으로 짓기 등의 변화도 있다.

넷째, 한국 이름의 특징으로 네 가지를 들 수 있다. 첫째, 이름에 대한 관념 면에서, 웃사람의 이름을 거론하거나 답습하는 것을 꺼리는 의식이 우리나라 사람에게는 아주 강하다. 조상의 이름을 그대로 물려받아, 여러 대에 걸쳐서 동일한 이름을 쓰기도 하는 이스라엘, 미국 등과는 판이하다. 특히 러시아에서는 두 번째 이름에 필수적으로 그 아버지의 이름이 반영되는 게 관례화되어 있는바, 우리와는 크게 다르다 할 수 있다.

둘째, 우리는 돌림자 즉 항렬자 전통이 강하며, 오행이나 십이지 십간을 따라서 짓는 게 일반적인데 다른 나라에는 없는 특징이다. 일본에는 항렬자가 없으며, 중국에도 우리식의 항렬자는 없다. 요즘에는 부르기 좋고(소리가 좋고)

뜻이 좋은 이름을 선호하는 경향이 강한데, 이는 일본이나 우리나라의 최근 추세와 상통하는 점이라 하겠다.

셋째, 성소명다姓少名多 현상도 특징적이다. 우리는 성은 제한되어 있는데 이름은 매우 많지만, 일본이나 유럽은 성다명소姓多名少 즉 성은 많은데 이름은 적다. 우리는 성을 절대로 바꾸지 않으나 일본에서는 결혼해서 분가하면 얼마든지 성을 갈 수 있는 분위기이다. 이름의 경우, 우리나라 사람들의 이름은 매우 개별적이다. 같은 이름이 그다지 많지 않은 편이다. 물론 여성의 이름에서 같은 이름이 발견되기도 하지만, 유럽 여성의 이름과 비교하면 아무것도 아니다.

넷째, 우리 이름은 성과 명, 이렇게 두 단위로 이루어지며 성 다음에 명이 오는 순서이다. 한국에서는 '이복규'하면, '이'가 성이고, '복규'가 명이다. 철저하게 두 단위로 되어 있고 성 다음에 명이 오는 구조이다. 하지만 유럽의 경우는 다르다. 제1이름(first name 혹은 given name), 제2이름(second name 혹은 middle name), 제3이름(family name : 성) 이렇게 세 단위로 이루어지는 게 보통이며, 이름 다음에 성이 온다. 제1이름은 '부르는 이름', 제2이름은 주로 외가에서 붙이거나 외가를 따른 이름, 제3이름은 우리나라로 말하면 성姓으로서 아버지쪽 가계를 나타낸다.

앞으로, 이 글에서 다루지 않은 아명兒名, 자字와 호號는 물론 별명別名 등 한국인의 인명人名 문화 일반의 양상과 특징에 대해서도 계속 검토해 볼 필요가 있다. 특히 영어 이름 짓기 유행 현상에 대해, 각 시대별로 선호하는 이름들이 무엇이었는지 그 변천사를 추적하는 작업도 필요하다고 생각한다. 이런 작업들이 축적됨으로써, 세계화 시대에, 이름 문화를 통해 우리를 외국에 알릴 수 있으며, 상호 이해 증진에 기여하는 바 있으리라 생각한다.

연암 박지원의 오행상생론 비판

　오행이 상생한다는 설은 중국에서 유래한 것으로, 우리 나라 사람들의 일상 생활에 깊이 스며들었다. 이름을 지을 때에도 전통과 항렬을 밝히기 위하여, 대체로 오행상생의 원리를 따라서 부자상승父子相承의 계승을 삼았고 지금도 그 전통이 이어지고 있다.

　종래의 오행설은 상생론相生論을 그 주축으로 하고 상극론相剋論을 곁들여 종종의 미신적 사고를 부연해 오면서 근 2천년 동안 동양인의 사고를 지배해 왔다. 상생론의 골자는 주지하듯이, "水生木, 木生火, 火生土, 土生金, 金生水"라는, 단순한 다섯 가지 무기물질에 부여한 자모적子母的 연쇄관이 그것이다. 이 소박한 발상은 방위(오방 : 동서남북중), 색채(오색 : 청백적흑황), 맛(五味 : 辛酸鹹苦甘), 성음(오음 : 궁상각치우), 그리고 인간의 품성(오덕 : 인의예지신)에 이르기까지 결부시켜 우주를 오행이라는 연쇄망으로 얽어맨, 그리하여 결정론적, 숙명론적 우주관을 형성하기에 이르렀다.

　여기에서 점복을 비롯해 갖가지 미신적 사고가 산출되어 온 것은 잘 알려진 사실이다. 이에 대해 연암 박지원은 신랄하게 비판하였다. 비판의 핵심은 이렇다. 오행은 각기 개별적으로 정위되어 있는 것이지, 당초 자모적 상생관계에 있는 것이 아니라고 하고, 그런데도 억지로 자모관계를 성립시켜 짠맛 신맛에까지 배분하고 있다고 공격했던 것이다.

　"만물이 흙土에서 나오지 않는 것이 없는데 어째서 유독 쇠金의 모체로만 되느냐? 쇠의 견고함이 불에 녹아 흐르는 것은 쇠의 본성이 아닌데, 강해江海, 하한(河漢 : 황하와 한수)의 물이 그래 모두 쇠가 녹아서 된 것이겠느냐? 돌이나 철에도 습기가 있고, 만물이 진액이 없으면 말라 빠지는데 어찌 유독 나무만 이 물로 해서 생기겠느냐? …… 그렇기 때문에 '상생'이란 서로 자모관계가 되는 것이 아니라, 서로 의자依資해서 생성되는 관계의 것이라 볼 것이다."

(『연암집』「홍범우익서」)

보충자료 2

〈한국인 이름문화의 특징〉, KBS 2TV '여유만만'(2015.9.22)

무속의 개념

무속을 한마디로 개념 규정하면, '무당을 주축으로 민간층에서 전승되는 종교(신앙)'라고 할 수 있다. 따라서 무속에서 가장 중요한 요소는 '무당shaman'이다. 그래서 영어로는 샤머니즘shamanism이라고도 한다.

무당을 뜻하는 한자는 '巫'이다. 이 글자를 분석하면 '人+工+人=巫'로 파자할 수 있는바, 이를 바탕으로 해석하면 무당이란 '하늘과 땅을 잇는 존재'라 할 수 있다. 즉 무당이란, 인간의 의지를 하늘에, 하늘의 의지를 인간에 전해주는 매개자의 위상을 지닌다 하겠다. 불교나 기독교 같은 고급종교의 승려나 목사가 담당하는 사제자로서의 역할을 무속에서는 무당이 맡고 있는 셈이다. 역사로 보자면 무당이야말로 후대 고급종교 사제자들의 선배격이라 할 수 있으며, 무속 역시 모든 고급종교보다 선행하여 존재하였던 신앙형태로서 자연종교로 분류되고 있다. 이 다음에 한번 거론되겠지만, 후대 고급종교의 종교현상 마디마디에서 무속신앙이 변용되어 이어지고 있는 것을 보아 무속이 과거의 신앙으로서만이 아니라 오늘날에도 여전히 생명력을 지니고 있다는 것을 알수 있다. 아니 무속에 대한 이해가 없이는 고급종교도 온전히 이해하기 어렵다고 할 수 있다.

무당의 명칭

무당에 대한 통칭은 '무', '무당', '단골', '심방' 등이다. 이중에서 '단골'은 호남지역의 세습무를, '심방'은 제주도 지역의 세습무를 그 지역에서 고유하게 부르는 명칭이다. 특히 성별을 나누어 말할 때는 여자 무당은 '무당', '무녀'라 하고, 남자 무당은 '박수覡'라고 한다. 여성이 압도적으로 많은 바, 남성에 비해 여성이 종교성이 강한 것은 오늘날 고급종교의 남녀신도수 비율에서도 확인되는 바이다. 여자 무당이 압도적인 현상에 대해서는 여성의 사회적 지위에 대한 역사적 고찰이라든가 여성의 특징 등 여러 각도에서 접근해 볼 수도 있을 것이다.

무당의 유형

성무동기成巫動機에 따른 유형

① 강신무降神巫 : 분포지역 면에서 중부지역, 북부지역에 많이 분포되어 있다. 성무동기 면에서 신병체험을 통해 무당이 된 경우를 말한다. 굿을 할 때는 몸주신이 내려 신격화하며 그 몸주신을 모시는 신단이 있다. 강신영매降神

靈媒를 통해 점을 치며, 공수(신탁)를 내려 신의 뜻을 무당의 육성으로 의뢰자에게 전달한다. 굿(제의)을 할 때는 신과 무巫가 합일상태를 이루며, 강신무는 굿거리마다 해당되는 신으로 행세한다. 따라서 무복, 무구 등이 아주 다양하다. 굿거리마다 복장을 달리한다.

강신무는 신적인 능력이 있기 때문에 점치기가 주업이다. 손님들이 굿보다 점치기를 요구한다. 굿을 해도 세습무에 비해 기교와 예술성이 떨어진다. 대부분 중년에 강신하여 무당이 됨에 따라 기교 익히는 데 한계가 있어서 그렇다. 어려서 신이 내려 돈을 포기하고 기교 익히는 데 주력해 굿 전업무를 선택할 경우만 세련된 기교가 가능한 것으로 보고되고 있다. 강신무 김금화는 비교적 이른 나이에 강신하여 의식적으로 굿을 배웠기에 탁월한 기능을 보유한 특수한 사례라 할 수 있다.

② **세습무世襲巫** : 분포지역 면에서 남부지역에 집중되어 있다. 성무동기 면에서 혈통을 따라 사제권이 대대로 세습되는 무당으로서, 배워서 되기 때문에 학습무라고도 한다. 사제권은 부자계승인데, 무당으로서의 기능과 역할은 그 집안에 시집간 며느리가 시어머니로부터 전수받는다. 영력에 관계없이 제의를 집행하는 사제의 구실을 한다. 몸주신이 없으므로 신단은 불필요하다. 그 대신 신간神竿을 설치하여, 그 신간을 타고 신이 내려오는 것으로 상징화한다. 신간을 신이 오는 길로 형상화해 놓고 굿을 하는 셈이다. 제의(굿)를 주관할 때 신과 무당이 대치하는 이원화현상을 보인다. 무복, 무구巫具가 단순한 편이다. 굿이 주업이다. 영험한 능력은 아예 기대하지 않기에 점치는 일은 손님들이 요구하지 않는다. 대부분 무당 집안에서 태어나 3~4세부터 굿판에 따라다니며 감과 장단 등을 익히기 시작한다. 집안에서 여러 대에 걸쳐 세습무 친척이 있어 그 문화적 배경과 영향 하에 성장하고 학습하므로 놀라운 기교를 지니게 된다. 세습무의 장단에 익숙하면 김덕수 사물놀이패의 장단은

싱거울 정도라고 한다. 오늘날에는 세습무가 드물다. 과거에 무당은 무당끼리만 혼인하여 가계를 계승하였고 신분도 세습되었으나, 시대가 바뀌고 사회도 변해, 세습무 집안에서 태어나도 다른 직업을 선택할 수 있고, 결혼도 자유롭게 할 수 있게 되었기 때문이다. 신의 소명으로 알고 어쩔 수 없이 무당의 길에 들어서는 강신무의 경우와는 다르다 하겠다.

　　요즘 들어서는 강신무와 세습무의 구분이 그렇게 명쾌하게 이루어질 수 있는지에 대해 회의하는 논의가 일어나고 있다. 두 가지 성격을 다 지니고 있는 것으로 보는 게 타당하다는 단서가 많이 포착되고 있기 때문이다. 그렇다 해도, 무당 개인에 따라, 어느 쪽 성향이 더 강한가 하는 것은 말할 수 있지 않을까 한다. 이는 개신교나 불교의 목회자들에게도 적용할 수 있지 않을까 한다.

성격에 따른 유형

　　① **무당형** : 중부와 북부지역의 무당과 박수가 이에 해당한다. 몸주신, 체험신을 모신 신단이 있다. 가무歌舞로 정통굿을 주관하며, 영력에 의해 예언능력을 보유하고 있다.

　　② **단골형** : 호남과 영남지역에 분포하는 무당이 여기 해당한다(호남─단골, 영남─무당). 세습무이며, 단골판이라 하여 세습되는 관할지역이 있다. 학습무로서, 영통력이나 신관神觀(신에 대한 철저한 의식), 신단神壇 등은 없다.

　　③ **심방형** : 제주도의 무당이 여기 해당한다. 세습무이지만 영력을 중시하여 본토의 세습무와 구별된다. 신관은 확립되어 있으나 신단은 없다. 강신영매 없이도 점을 칠 수 있다. 대체적으로 보아 단골형과 무당형의 중간형태라할 수 있다.

④ **명두형** : 남부지역에 집중 분포되어 있다. 사아령死兒靈의 강신체험을 통해 무당이 된다. 혈연관계에 있는 아이의 죽은 영이 강신하는 경우가 대부분이다. 여아의 영이 내린 경우를 '명두', 남아의 영이 실린 경우를 '동자 또는 태주'라고 한다. 초령술招靈術을 이용하여 점을 전문으로 하는 점쟁이이다. 점복술이 뛰어나며, 새탄이 무당이라고 할 정도로, 영을 부를 때 새소리가 나는 특징을 지니고 있다. 무당형과 명두형이 복합되어 굿거리가 진행되는 예가 많기 때문에, 양자의 구분이 불분명한 경우가 많다.

성무과정

강신무의 성무과정

신병체험　　　신체질환, 정신질환 → 영력획득
　　⇩
내림굿巫祭儀　정식으로 신을 받음. 말문열기기, 무구찾기, 공수
　　⇩
무당이 됨　　수련과정을 거쳐 독립함. 무복, 무구 장만(성물을 습득하기도 함).

세습무의 성무과정

단골 가문의 여자가 어린 시절부터 어머니한테 무가를 배워 시집가면, 시어머니가 굿청에 데리고 다니며 굿하는 법을 가르쳐 단골로 만든다(고부전승).

굿의 종류

모든 종류의 굿이 지닌 궁극적인 목적은 불행한 일을 멀리하고 복을 받아 행복하게 살려는 데 있다. 살아생전에도 복을 받아 풍요롭게 살고, 죽어서 저 승에 가서도 행복하게 영생할 것을 바라는 마음으로 굿을 의뢰하고 굿에 임 한다. 이같은 사고가 모든 굿의 바탕에 깔려있으며, 그같은 목적을 이루는 데 효과가 있다고 믿기에 굿은 소멸되지 않고 지금도 다양한 형태로 이어지고 있다 하겠다.

규모에 따른 분류

① **굿** : 여러 무당과 재비(공인, 악공 : 무악반주 전문)가 합동해서 가무와 연행 을 위주로 제의하는 것이 굿이다. 서서 진행하기에 '선굿'이라고도 한다.

② **비손** : 한사람의 무당이 축원을 위주로 하는 약식제의가 비손이다. 손빔, 비념, 앉은굿 등으로 부르기도 한다.

* **고사** : 유교의 사당 제사 중 집안에 특별한 일 있을 때 올리는 의식(벼슬길 에 나아가기, 적자의 탄생, 이사 등)

목적에 따른 분류

① **무신제** : 무당 자신을 위한 굿이다. 여기에 해당하는 굿에는 다음과 같은 것들이 있다.

• 강신제―무당에게 내린 신을 받아 정식 무당이 되는 내림굿 · 신굿을 비 롯하여, 무당을 그만둘 때 하는 하직굿 등이 여기 속한다.

• 축신제─해가 바뀔 때마다 몸주신을 정기적으로 대접함으로써, 신(몸주신)의 영력을 보강하여 무당의 신통력을 강화시키는 제의를 말한다. 꽃맞이굿(황해도, 봄), 단풍맞이굿(가을), 진적(서울), 대택굿 등이 있다.

② **가신제** : 집안에서 가족의 안녕과 행운을 위해 하는 굿을 말한다. 여기에 해당하는 굿에는 다음과 같은 것들이 있다.

• 생전제의─기자 · 육아제의(겜심바침 · 삼신받이 · 삼신맞이 · 삼신풀이 · 지앙맞이 · 불도맞이 · 칠성제), **치병기원제의**[병굿 · 환자굿 · 푸닥거리 · 광인굿 · 영장치기(회생 불가능 환자를 위한 닭 희생 제의) · 손풀이 · 마누라배송 · 별상굿 · 사제막이], **혼인축원제의**(여탐 · 근원손), **가옥신축제의**(성주맞이 · 성주풀이), **행운기풍제의**(재수굿 · 영화굿 · 축원굿 · 성주굿 · 도신굿 · 논부굿 · 씨앗고사 · 맹감풀이 · 일월맞이 · 안택굿 · 산신풀이 · 고사 · 액막이), **해상안전 · 풍어제**(연신 · 용왕맞이).

• 사후제의─상가 정화제의(자리걷이 · 집가심 · 곽머리 · 댓머리 · 귀양풀이), **망인천도제의**(진오기 · 천근새남 · 진오기새남 · 망묵이굿 · 오구자리 · 오구굿 · 수왕굿 · 해원굿 · 다리굿)

* 대부분의 사후제의는 비명횡사한 영혼이 지상에 머물며 해코지하는 것을 방지하기 위해, 모든 한을 풀고 저승으로 편히 가라는 뜻으로 치러진다. 더러 천수를 다 누리고 간 영혼이라 할지라도, 그분 사후에 집안에 우환이 끊이지 않을 경우, 무당의 권유를 받아, 그분의 영혼을 위해 굿을 베풀기도 한다. 단 어느 경우든 막연한 의미(미분화 상태)의 저승으로의 천도를 빌 뿐이지 불교나 기독교의 극락 · 천국과 같은 구체적인 내세를 상정하고 있지는 않다.

③ **동제** : 마을신에게 주기적으로 제를 올리는 제의를 말한다. 마을 공동의 풍요와 행운을 기원한다.

• 제액초복 · 기풍제의－당굿 · 도당굿 · 서낭굿 · 부군당굿 · 별신굿 · 풍
어굿

• 제액 · 풍어제의－풍어제 · 용신굿 · 연신굿 · 서낭풀이

보충 자료 1
굿의 구조(절차)
부정물림(굿판정화)－청신請神－고축告祝 및 공수－오신娛神－송신送神

보충 자료 2
무당의 기능 … 사제, 치병, 예언, 유희

사주팔자와 관상
KBS 미스테리추적, 1989. 9. 11

사주팔자四柱八字

사주팔자는 한 사람의 운명을 결정짓는다고 한다. 그것이 맞다면 똑같은 사주를 타고난 쌍둥이는 똑같은 삶을 살아야 할 것이다. 한 사람이 태어나는 바로 그 순간 한사람의 운명이 결정된다는 것에 대해서 어떻게 생각하는가? 생년 생월 생일 생시 이 8글자에 정말로 한사람의 미래가 담겨있는 것일까?

사주팔자란 무엇인가? 태어난 해, 태어난 달, 태어난 날, 태어난 시, 이것을 네 기둥 즉 사주四柱라 한다. 그리고 이 사주를 병자丙子, 기사근巳 이런 식으로 육십갑자로 적은 총 여덟 글자를 팔자라고 한다. 이렇듯 사주팔자

서울 미아리고개 점성가촌 안내판

는 음양오행으로 해석하고 거기서 나오는 인생의 운세 표로 그 인물의 삶을 알아 낼 수 있다고 한다. 이 주장이 맞다면 우리는 정말 사주 팔자의 굴레 안에서 벗어날 수 없을 것이다.

그렇다면 이런 사주풀이를 통해 알 수 있는 인간의 미래는 과연 어느 정도나 될까? 자신도 알 수 없는 미래의 모습을 알기 위해 사주를 보는데 과연 사주팔자는 얼마나 정확할까? 인기 연예인 몇 사람을 대상으로 확인한 결과, 가장 많이 맞은 전원주 씨의 경우도 60%밖에 되지 않았다. 서세원 30%, 변정수 50%, 이다도시 30%, 전원주 60%였다. 50%가 넘지 못하는 확률이었다. 사주팔자 안에 인간의 길흉화복이 들어있다는 역술인들의 주장과는 달리 45%에 불과했다. 이번 사주풀이를 담당했던 역술인들을 지켜보면서 공통점을 발견할 수 있었는데, 그중의 하나가 모호한 단어의 사용이었다. 듣기에 따라 얼마든지 다르게 해석될 수 있는 광범위한 의미의 사주풀이를 행하고 있었고 또한 그 풀이의 결과에서도 일말의 여지를 남겨두고 있기는 마찬가지였다.

같은 사주를 가지면 똑같은 삶을 살까?

자연이 만든 복제인간 일란성 쌍둥이, 똑같은 사주를 가지고 태어난 쌍둥이의 경우 이들 앞에 펼쳐진 삶 또한 똑같은 것일까? 부산에 살고 있는 한 쌍둥이 자매를 찾아가 확인해 본 결과, 헤어져 살았던 세월에도 불구하고 자매는 두 사람의 인생은 비슷했다. 하지만 어느 정도 구체적으로 들어간 부분에서는 많이 달랐다.

	쌍둥이 언니	쌍둥이 동생
종 교	불교	기독교
자 녀	형제	남매
결혼시기	1984	1990
직 업	전업주부	자영업

같은 사주를 지닌 사람을 추출해 실험해 본 결과, 역술인들의 해석은 매우 다양하게 나왔다. 역술인의 주관적인 편차가 심하다는 것을 알 수 있는 셈이다.

사주팔자는 눈치로 해석

사주풀이 할 때 정말 사주 자체만 보는지 외모까지 고려하는지 실험해 본 결과, 외모에 따라 사주팔자는 큰 해석의 차이를 보였다. 역술가들의 대답은 일관되지 않았다.

명리학에서는 선천적으로 타고 나오는 사주 70%와 후천적 노력으로 바꿀 수 있는 30%를 나눠서 생각하고 있다. 전부 다 바꿀 수는 없지만 개인의 노력에 따라 바꿀 수 있다는 주장이다. 선천적인 사주를 바꾸려는 노력으로 나타나는 현상 중의 하나가 출산 일시의 조절 즉 택일을 해서 출산하는 일이다. 통계청의 한 자료에 따르면 말띠, 용띠, 범띠 여성이 팔자가 드세다는 속설 때문에, 해당 연도의 여아 출산율이 다른 년에 비해 현격히 떨어지고 있다. 하지만 그렇게 해서 태어난 아이의 운세에 대해서 역술가들은 서로 다르게 해석하는 것을 확인할 수 있었다.

사주팔자 현상은 운명론에 매달려 살아온 우리 자신의 모순을 발견하게 한다.

관상

관상학이란?

얼굴의 각 요소가 그 사람의 몸과 마음
과 운명 전체를 상징한다고 보아, 얼굴의
각 요소의 생김새로 그 사람의 모든 것을
알아보고 판단, 평가하는 전통학문이다.

관상 책

관상법의 주요내용

이마의 금 세 개　윗 금이 반듯하게 안 끊어진 사람은 윗사람 덕을 본다. 선
조 덕. 가운데 금이 좋은 사람은 자기 운명이 좋아서 잘 산다. 아랫 금이 좋은
사람은 자손들이 잘 된다.

코　코의 살집이 전체적으로 풍부하고 콧방울이 두터워야 잘 산다. 콧구멍
이 훤히 보이게 노출되지 않아야 재물이 흩어지지 않는다(술값, 음식값 도맡아
내는 사람은 대개 콧구멍이 훤한 사람. 인간성이야 좋으나 실속 없어 재물 못 모음. 콧구멍
너무 작으면 인색하고 융통성 부족). 날카롭고 뾰족하면 마음 역시 좁고 날카로워
갖은 간계를 피우며 산다(속담 : 귀 좋은 거지는 있어도 코 좋은 거지는 없다).

인중골　인중골이 없는 사람은 자식이 없다. 인중골이 깊이 푹 들어가면 자
식 많이 둔다. 위가 깊으면 맏아들, 밑이 분명하면 늦게 아들 둔다.

눈썹 눈썹이 도중에 끊긴 사람은 자식, 형제가 일찍 죽는다. 눈썹이 짙으면 형제가 많다.

입 남자는 커야 잘 산다. 다 들어 마시는 형국이기 때문이다.

팔자 관련 속담들

개팔자가 상팔자라(놀기/일하기), 걱정도 팔자(참견 마라), 곽분양의 팔자(좋은 팔자), 뒤로 오는 호랑이는 속여도 앞으로 오는 팔자는 못 속인다, 매 팔자(무상 출입), 무자식이 상팔자, 무지각이 상팔자(모르는 게 좋음), 부모가 반팔자(부모의 중요성), 상팔십이 내 팔자(강태공이 가난하게 산 전반 80년. 가난이 내 운명), 여자 말띠(범띠)는 팔자가 세다, 여편네 팔자는 뒤웅박 팔자(남자에 의존적), 잘 살아도 내 팔자 못 살아도 내 팔자.

백범 김구 선생의 경우를 통해 본 관상학의 비판적 이해

　과거에 부정이 횡행하던 조선조 말기에 김구 선생도 공부하여 과거에 응시하였다. 하지만 대필과 뇌물과 청탁이 횡행하는 모습을 직접 목격하였다. 예상대로 낙방하자 실망하고는 '과거에 다시는 응시하지 않겠다' 작심하고 그 뜻을 부친에게 고하였다. 부친도 그러라면서 한 가지 다른 공부를 권하였다.

　"너 그러면 풍수공부나 해라. 자손복록 또는 성인군자를 만날 것이다."

　부친의 말씀을 따라 그날부터 백범은 『마의상서麻衣相書』란 관상책을 빌어다 3개월간 골똘히 공부하였다. 면경으로 자신의 얼굴을 보면서 각 부분의 명칭을 익히고, 길흉 여부를 살펴본 결과, 절망적이었다.

　'아무리 내 얼굴을 관찰해 보아도 귀격貴格이나 부격富格 같은 좋은 상은 없고, 천격賤格, 빈격貧格, 흉격凶格뿐. 과거시험장에서의 실망을 관상책을 공부해서 회복하려 했는데, 상을 보니 더욱 낙심스럽기만 하구나.'

　'짐승 모양으로 그저 살기 위해 살다가 죽을까?'

　고민하던 백범은 세상에 더 이상 살아있을 마음이 없었다. 그런데 그런 백범에게 한 가지 위로와 희망을 주는 구절이 생각났다.

　"相好不如身好(상호불여신호), 身好不如心好(신호불여심호)[관상이 좋은 것은 몸이 좋은 것만 같지 않고, 몸 좋은 것은 마음이 좋은 것만 같지 않다.]"

　그 대목을 상기한 백범은, "나도 마음 좋은 사람이 되자."

　이렇게 마음먹고 아무리 『마의상서』를 다 뒤졌으나, 심상을 좋게 하는 방법에 대해서는 침묵하고 있었다. 이래서 백범은 당시에 새로 일어난 동학에 입문하였다고 한다.

『백범일지』, 교문사, 31~32쪽 참조

『마의상서』 속 "관상 좋은 것은 몸이 좋은 것만 못하고, 몸이 좋은 것은 마음이 좋은 것만 못하다相好不如身好, 身好不如心好"란 구절의 원화

중국 초한 시절에 범증이란 사람이 있었습니다. 나이 어려서 아버지를 여의었는데, 그 어머니가 주씨 성을 가진 남자에게 재가하여 범증을 주씨 집안에 입적해 버렸습니다. 자신의 성씨가 바뀐 줄도 모르고 자라던 범증은 일곱 살에 이르러서야 그 사실을 알고, 가출하여 삼촌 집에 가서 살았습니다.

삼촌집에 들어간 범증은 어려운 형편이었으나 정말 열심히 공부하였습니다. 그 유명한 '할죽割粥'이란 고사성어가 거기에서 나왔습니다. 이게 무슨 말일까요? 가난한 나머지, 죽을 끓여서는 반으로 짝 갈라서, 반쪽만 아침에 먹고, 나머지 반은 저녁에 돌아와서 먹었다는 말입니다.

그렇게 열심히 공부한 범증은 어느 정도 공부가 마치자, 관상쟁이를 찾아가서 물었습니다. 자신이 나중에 정승이 되겠느냐고 물었더니, 될 수 없다고 했습니다. 그래서 이번에는 의원은 되겠느냐고 물었더니, 그 관상쟁이가 되물었습니다.

"좀 전에 정승이 되겠느냐고 물은 사람이, 어째서 갑자기 의원이 되겠느냐고 물으시오?"

범증의 대답은 이랬습니다.

"내 삶의 목적은 사람을 살리는 데 있소. 그 길을 두 가지라 생각하오. 정승이 되어 정치를 잘해 만백성을 널리 잘 살게 하거나, 의원이 되어 병든 사람을 고치는 것이오. 그런데 정승은 안 된다고 하니, 의원은 할 수 있겠는지 물은 것이오."

그러자 그 관상쟁이가 말했다.

"당신은 정승이 될 것이오."

"아니 좀 전엔 정승이 못된다더니 어째서 이제 와서는 된다고 하는 것이오?"

"상에는 세 가지가 있다오. 색상色相, 골상骨相, 심상心相이 그것이오. 색상보다 좋은 것이 골상이고, 골상보다 좋은 게 심상이라오. 당신은 색상과 골상은 좋지 않으나, 말을 듣고 보니 심상이 아주 좋으니 반드시 정승이 될 것이오."

그 예언대로 훗날 범중은 정승이 되어 치적을 남겼다고 한다.

보충자료 2

자유당 정권 때 이승만·이기붕 관상에 대한 관상가들의 평가 변화 사례

관상학 절대적인 것은 아니라는 것을 보여주는 증거이다. 이 사람들이 몰락하기 전에는 이들의 관상을 들어 그 성공·출세가 필연적이라고 설명하다가, 저들이 몰락하자 하루아침에 말을 바꾸어, 이러저러한 관상이라 잘못될 수밖에 없다고 하였으니 말이다.

보충자료 3

현대판 관상주의

면접, 성형수술의 유행현상

관상에 우리 인생을 맡기지 말고, 내가 좋은 관상으로 만들어 가자.

링컨이 말한 것처럼 "남자 나이 40이면 자기 얼굴에 책임을 져야 한다."

좋은 관상이라면 감사하고, 겸손한 마음으로 잘 보존할 것이며, 맘에 안

들더라도 그것이 매력일 수 있도록 잘 관리하며 인간승리의 기적을 일으킬
일이다.

가신신앙이란 집안의 곳곳에 신령이 깃들어 살고 있으면서 집안 식구들의 복을 맡고 있다고 믿는 것이다. 여성이 주체가 된다는 점에서 유교나 다른 종교와 구별된다. 가정신앙이나 가택신앙으로 불리기도 한다. 집안의 곳곳이란 대개 대청마루나 안방(성주)·부엌(조왕)·집터(터주)·안방 아랫목(삼신)· 안방(조상)·광이나 곳간(업)·광(대감)·변소(측신)·대문(문신)·외양간(군웅신 : 소 출산)·장독대(칠성/철륭신 : 수명장수, 장맛) 등이다. 집안에 깃들어 있다고 믿는 신령들에 대한 신앙행위는 신체나 모시는 장소 또는 모시는 방법에서 집집마다 약간씩 차이를 보여 주는 경우도 있다. 가신 일반을 '지킴이(홈키퍼)'라고 도 한다.

성주신체

성주

성주는 집안에서 모시는 신령들 가운데 가장 으뜸되는 신령이다. 새로 집을 지으면 제일 먼저 성주를 모시는데, 무당을 불러다 성주굿을 하거나 성주고사를 올리고 대들보 밑이나 상기둥의 윗부분처럼 집안의 중심부에 북어를 매달거나 백지(한지)를 접어서 실타래로 묶어둔다. 그 이외에는 보통 가을 추수 후에 햅쌀로 떡을 찌고 북어와 청수 등을 차려놓고 절을 하는 형식으로 모셔졌다. 신체神體와는 별도로, 대청 한컨에 성주단지나 성주독을 놓기도 한다. 그 속에는 쌀이나 나락 같은 곡물을 담는다. *기독교 성찬식과의 비교

성주는 집안의 식구들 가운데 특히 가장인 대주를 위하는 신령으로 터주와 함께 거의 대부분의 가정에서 모셔졌으나 지금은 일부 농촌마을을 제외하고는 찾아볼 수 없다. * "성주는 대주를 믿고, 대주는 성주를 믿는다."

터주

터주는 집터를 다스리는 신령으로 성주와 함께 많은 가정에서 모셔졌던 대표적인 가신家神이다. 터주의 신체는 조그만 단지에 곡식을 넣고 유두지를 씌워 뒷곁이나 장독대에 모신다. 터주에 넣는 벼는 가을에 추수해서 제일 먼저 난 곡식이다. 보리 때가 되면 새로 추수한 보리로 갈아준다. 이 때 항아리에서 나온 벼는 칠석날까지 두었다가 식구들끼리만 밥을 지어 먹거나 떡을 해 먹는다. 새로 추수한 벼로 갈아주고 난 다음에 보리도 마찬가지로 식구들끼리만 밥을 지어 먹는다. *터줏대감

경북 북부 지역의 용단지 신앙은 터주신앙의 지역적인 양상이라 할 수 있

다. 용단지는 일반 터주와는 달리, 부엌 · 고방 · 다락 등에 둔다.

삼신할머니

삼신은 주로 삼신할머니라고 불린다. 삼신은 아이의 출생과 건강, 수명 등의 일을 맡고 있다. 그래서 흔히 아이를 점지해 준다거나 아이들이 넘어지거나 위험한 상황에 처해도 다행스럽게 많이 다치지 않았을 때는 삼신할머니 덕이라고 말한다.

삼신은 흰 무명주머니 두 개에 쌀과 미역을 담아 안방 벽에 걸어 두는 경우도 있었지만 특별한 신체神體가 없는 경우도 있었다. 신체가 없는 경우에는 안방 아랫목에 삼신이 깃들어 있다고 믿는 경우이다.

삼신을 모시는 것은 출산 때이다. 출산 후 삼칠일이 되면 비린 것이 들어가지 않은 깨끗한 미역국과 흰 쌀밥 · 청수 · 짚 한 웅큼을 차리고 아이의 할머니가 삼신할머니에게 아이의 수명과 복을 위해 빌어준다. 경우에 따라서는 백일과 돌날에도 흰 백설기와 청수를 차려놓고 빌어 주었다.

또 아이가 자주 아프거나 몸이 약할 경우 삼신경이라 해서 법사를 불러다 놓고 맨미역국 · 백설기 · 흰 쌀밥 · 청수를 각각 세 그릇씩 차려 놓고 굿을 하기도 한다. 다른 목적으로 굿을 할 경우에도 집안에 어린 아이가 있거나 몸이 약해 걱정이 될 경우에는 굿의 절차에 삼신을 위하는 삼신경이라는 절차를 넣어 치르는 경우도 있다.

조왕

조왕은 부엌의 아궁이와 부뚜막을 관장하는 신령이다. 그러므로 예로부터 부뚜막과 아궁이는 부정한 것을 멀리해야 하는 정갈한 공간으로 인식되었다. 변소에서 떨어져 나온 나뭇가지가 아궁이로 들어가서는 안 되었고, 생리중인 부정한 여자가 불을 때거나 부엌에 들어오면 부정을 타 아무리 불을 때도 떡이 익지 않는다고 믿었다. 이 부엌을 관장하는 신령을 위해 아침에 밥을 지으려고 제일 먼저 부엌에 들어가는 주부는 작은 기름종지에 불을 밝혀 청수를 한 사발 올리고 식구들의 무사안위를 빌었다. 특히 군대 간 자식이 있거나 집에서 멀리 나가 생활하고 있는 사람이 있는 집에서는 조왕을 극진히 위했다. 그러다가 아들이 제대하면 조왕중발을 거두는 것은 물론이다.

업

업은 광이나 곳간처럼 은밀한 곳에 머물러 있으면서 재복을 가져다주는 가신이다. 지방에 따라서는 업의 신체를 터주와 마찬가지로 장독대에 마련한다. 신체는 쌀 한 말쯤 들어가는 단지에 곡식을 넣고 유두지를 씌워 놓는 것이다. 그러나 대부분은 동물을 업신으로 모신다. 집 안의 어느 곳엔가 보이지 않는 곳에 구렁이가 깃들어 살고 있는데 이 구렁이가 집 안에서 나가면 그 집 안은 망하게 된다는 것도 그 사례이다. 그러므로 집 안에서 구렁이를 보았을 때는 집 밖으로 쫓아내려 하지 말고 조심스럽게 집 안으로 다시 들어가도록 해야 한다. 흔히 족제비·두꺼비 등도 업신으로 여겨진다.

사람이 업으로 여겨지는 경우도 있다. 가난하게 살던 사람이 며느리를 들여

자꾸 살림이 불어나 부자가 되면 이웃사람들이 "저 집은 큰 업을 만났다" 라고들 말한다. 이 경우는 새로 들어온 며느리가 업이 되는 것이다. *윤흥길 소설 「장마」

　현재 가신신앙의 신체들은 농경문화의 퇴조와 함께, 도시화된 지역에서는 거의 사라졌고, 시골에서도 흔하게 볼 수 있는 것은 아니다. 일제의 강요, 개신교의 전래, 새마을운동 기간 중에 미신타파로 인해 사라지거나 가옥신축을 하면서 그때까지 모셔오던 것들을 모두 치웠다. 하지만 가옥구조가 바뀌고 (대청의 소멸) 신앙형태가 변화했다 해도, 기존의 가신신앙을 믿었던 욕구와 신심은 지금도 변용되어 이어지고 있다고 생각한다. 씽크대 꼭대기, 가스레인지 부근에 조왕을 모신다든지, 선친의 사진이나 십자가상을 거실, 가장 잘 보이는 곳에 걸어두고 출입할 때마다 일정한 예를 올리는 경우가 있는데, 이 경우 가신신앙으로서의 성주신 신앙은 오늘날에도 지속된다고 여겨지기 때문이다.

한국 개신교의
특이현상들과 민간신앙

머리말

한국 개신교는 서양에서 전래된 종교이다. 따라서 얼핏 보기에 서양 개신교와 동일할 것같이 생각되지만 그렇지 않다. 물론 크게 보자면 성경을 경전으로 삼고 있으며, 예배순서도 거의 비슷하고, 찬송가도 겹치는 것이 아주 많은 형편이다. 하지만 자세히 들여다보면, 한국 개신교에는 서구 개신교와는 구별되는 특이현상이 많이 존재함을 알 수 있다. 필자는 그 특이현상들은 개신교 자체의 문맥 안에서는 해명이 어려우며, 개신교 전래 이전부터 한국 민간인들이 지녀온 민간신앙과 조응시켜야만 자연스럽게 해석된다고 생각한다.

미리 밝혀두어야 할 게 있다. 한국의 개신교와 민간신앙과의 관련성을 이 글이 처음 거론하는 것은 아니라는 점이다. 여러 학자가 일찍부터 지속적으로 언급해 온 게 사실이다. 예컨대 김태곤 교수는 다음과 같이 적절하게 지적한 바 있다.

"기독교는 현실적이고 타산적인 신앙관념을 앞세우고 교회에 출석하는 신도와, 이와 같은 신도를 대상으로 영험술을 과시하여 신도들의 마음을 사로잡으려는 교직자의 심리가 재래의 민간신앙적 사고요소로 나타나고 있다. 즉 병을 고치기 위해서 교회에 간다는 사람, 소망을 이루기 위해서 교회에 가는 사람, 죽어서 천당에 가려고 교회에 간다는 사람, 이런 부류의 타산적인 신앙관념을 앞세우고 저마다 각기 다른 목적의식을 설정해 놓고 교회에 출석하는 신도들은 그들이 복음의 진리를 알아서 또는 알기 위해서 교회에 가는 것이 아니라 앞에 말한 그들의 생활적 소망을 기원하기 위해 교회에 가는 것이다. 이것은 무당의 재수굿이나 병굿에 의존하는 무속적인 사고가 그대로 체내에 잠재된 채 무당의 굿청에서 현대식 건물의 교회당으로, 또 무당의 공수神託바지에서 양복 입은 목사의 유창한 설교로 외적 환경만이 바뀌었을 뿐 내적 신앙심리만은 별다른 변화가 없는 것이다."

김태곤 교수 외에 개신교 내부에서도 이와 유사한 연구성과를 제출한 경우가 다수 있다. 하지만 기왕의 업적들은 한국 개신교와 민간신앙이 관계가 있다는 것을 매우 거시적·포괄적으로 지적하였을 뿐, 구체적·총체적으로 양자간의 관련성을 드러내지는 않았다. 개신교 내부에서 발견되는 특이한 요소들을 '기복적' 또는 '샤머니즘적(무교적 혹은 무속적)'이라는 한마디 말로 뭉뚱그려서 말하였을 뿐, 그 각 요소가 구체적으로 '민간신앙'의 각 하위영역과 어떤 관련을 가지는지에 대해서는 더 이상 추적하지 않았던 것이다. 민간신앙을 그 하위영역인 '샤머니즘(무속)'과 등가적인 것처럼 인식하고 있는 것도 기존의 연구들에서 흔히 발견되는 문제점이다.

이 글에서는 선행 업적을 토대로, 양자간의 관련양상에 대해 좀더 종합적이면서도 구체적·미시적으로 접근해 보고자 한다.

한국 개신교의 특이현상들에 대응되는 민간신앙적 요소들

기도의 경우

① '새벽기도회'와 가신신앙 중의 '조왕신앙'

새벽기도회는 한국 개신교가 지닌 가장 특징적인 현상 중의 하나이다. 기록상 1909년 평양 장대현교회에서 길선주 목사가 박치록과 함께 단체로 시작한 것으로 나타나는 이 새벽기도회는 1920년대 후반부터 1930년대 초반에 이르러서는 교회의 매일 기도회로 정착하였다. 지금도 교파를 초월하여 거의 모든 개신교에서 보편적으로 이루어지고 있다. 그런데 한 가지 흥미로운 것은, 길선주 목사가 처음 시작한 새벽기도회는, "대중적으로 매일 계속한 것이 아니었고 개인의 실천은 그 개인 자유에 일임했고, 교회의 특수한 사정이 있을 때마다 그 필요에 의해 집단적으로 새벽기도회를 가졌다"든지, "처음 새벽기도회는 사경회 같은 특별 성서공부 집회나 교회에 따라 주일에만 있었다"라고 한 것을 보면, 처음에는 교회 공동체의 특별한 필요가 있을 때에만 집단적으로 이루어졌던 것을 알 수 있다. 그러던 것이 6·25 이후부터 매일 새벽기도회가 계속되어 현재처럼 정례화하였던 것으로 알려져 있다. 아무튼 한국 개신교에서 이루어지는 새벽기도회란 서구 개신교에서는 찾아볼 수 없는 현상으로서, 한국 개신교의 급성장을 가능하게 한 주요인 중의 하나로 서론되고 있다.

서구개신교에는 없는 새벽기도회가 어떻게 해서 한국에서는 초기부터 활발히, 지속적으로 행해져 마침내 정례화할 수 있었던 것일까? 필자는 이를 민간신앙 중의 조왕신앙 및 무당들의 신령모시기 관행과 연결지을 수 있으리라고 본다. 주지하는 것처럼 가신신앙 가운데에서 매일 이루어지며, 그것도 새벽미명에 행해지는 것은 조왕신앙이 유일하다. 여타의 민간신앙의 제의는 특별한 때에만 이루어지는데, 조왕신앙만은 매일 새벽 미명에 주부들이 부엌에 들어가 가장 먼저 조왕단지에 정화수를 새로 채움으로써 조왕신에게 정성을 표시하고 있어 특이하다. 부뚜막에 정중히 앉아서 가족 구성원 한사람 한사람을 호명하면서 소원성취를 비는 경우도 있다. 이런 조왕신앙의 분위기에 익숙한 사람들이 개신교의 지도자가 되고, 그 신도가 되다 보니, 새벽기도회가 한국 개신교의 독특한 문화의 하나로 자리 잡기 시작하였고, 오늘날까지 생명력을 이어오고 있는 것이 아닌가 판단한다. 새벽기도회 참여자(주체)의 대부분이 여성인 점, 기도 내용 중의 가장 중요한 것이 가족들의 건강과 평안인 점을 보면 양자의 상관성은 더욱 밀접한 것으로 여겨진다. 무당들의 신령모시기 관행도 새벽기도회와 관련지을 수 있다. 무당은 몸주 또는 보좌신으로 받아들인 신령을 자기의 신당에 모셔놓고 매일 그것도 이른 새벽부터 신령에게 정성을 드린다고 한다.

② 기도회의 '주여 삼창三唱' 대목과 무속신앙의 청신請神

한국 개신교에서 여럿이 모여서 가지는 기도회의 경우, 이른바 '통성通聲 기도'라는 것이 있다. 글자의 뜻 그대로, 일정한 주제를 일제히 소리내어 각자 기도하는 것이다. 많은 교회에서 이 통성기도 시간이면, 기도회 인도자가 하는 말이 있다. "주여 삼창 하신 다음에 ○○ 문제를 놓고 기도하겠습니다"라는 말이 그것이다. 그 말이 끝나면 참석자들이 일제히 아주 크게 "주여, 주

여, 주여"라고 세 번 부르짖고 나서 기도에 들어간다. 필자가 알기로 이는 한국교회에서만 볼 수 있는 특이한 현상이다.

기도란 '하나님과의 대화'이다. 우주에 편만해 계시며 늘 우리 가까이에도 계시는 하나님께 감사와 간구를 아뢰는 것이 기도이다. 하지만 한국 개신교의 기도회에서 이루어지는 '주여 삼창'은, 가까이에 계셔서 우리와 늘 함께하는 신을 향한 기도라기보다, 마치 멀리 떨어져 있던 신을 임시로 불러들이기 위해서 하는 절차 같은 인상을 강하게 풍긴다.

이는 어디에서 유래한 것일까? 아마도 무속신앙에서의 청신請神이 의식적 또는 무의식적으로 이어진 결과가 아닐까? 무속제의의 기본 구조에서 가장 앞에 놓이는 것이 신의 임재를 간구하는 '청신'과정임은 주지의 사실이다. 가신을 제외한 천신이나 조상신 등을 초월계로부터 지금 이곳으로 모셔오는 일정한 의례를 행하여, 해당 신이 내려 좌정해야만 오신娛神과 공수 및 송신送神 등의 다음 절차가 진행되는 것이 무속제의의 일반적 양상이다. 현재 한국 개신교에서 행해지는 '주여 삼창'의 기저에는 다분히 이같은 청신적請神的 사고가 깔려 있다고 생각한다. 큰 소리로 거듭 신을 불러야만, 그 부르짖는 소리를 듣고 지고신至高神인 하나님이 이곳에 오셔서 기도를 들으실 것만 같은, 다분히 기도하는 사람의 감정과 기분이 작용하는 데서 나타난 현상이 아닌가 한다.

그런데 왜 하필 세 번을 부르는 것일까? 여기에는 한국인의 뿌리깊은 '숫자 3'에 대한 관념도 작용하였던 것으로 이해된다. 고시레 풍습에서 '고시레'는 반드시 세 번 하게 되어 있다든가, 초혼招魂시에 '복, 복, 복'하고 세 번 외친다든가 하는 전통과 분위기에서 자연스럽게 나타난 것이 '주여 삼창'이 아닌가 판단해 본다.

③ 산山기도와 무당들의 산기도

한국 개신교에서 행해지는 기도 가운데에서, 소위 산기도山祈禱도 이색적인 것이다. 이는 목회자도 할 수 있고 평신도도 할 수 있는데, 여기에서는 목회자가 행하는 산기도를 특별히 주목하고자 한다.

목회자의 산기도는 미국에서는 상상할 수 없는 기도형태라고 한다. 목회자의 경우, 산기도에 대한 반응은 "그러면 그 기간에 아내와 자녀들을 외롭게 지내게 버려둔다는 겁니까?" 이런다고 한다. 철저하게 가족을 중시하는 태도를 엿보게 하는 반응이다. 그러나 한국 개신교에서는 산기도가 전혀 낯설지 않다. 삼각산·용문산·한얼산 등 명산에는 곳곳에 기도원이 들어서 있다.

한국 개신교 평신도들의 경우, 목회자가 산에 가서 기도하고 오는 것을 당연시하는 분위기라고 할 수 있으며, 하다못해 교회에서라도 철야기도를 해야 '신령하다'는 평가를 하는 분위기이다. 심지어는 산기도나 철야기도하지 않는 목회자는 비정상적이거나 영험성이 떨어지는 것으로 생각하고 있는 경향도 엿보인다.

이런 현상은 어디에서 연유한 것일까? 무당 중에는 영력을 얻기 위해 산기도를 드리는 경우가 있다. 대개는 혼자 가서 치성을 드리지만, 간혹 단골들과 함께 그런 기도를 드리기도 한다. 이런 일을 통하여 무당은 신령으로부터 영력을 얻을 뿐만 아니라 단골로부터 좋은 평판을 받게 된다. 나라만신으로 유명한 김금화(1931년생) 무당과 직접 전화하여 확인한 바도 이와 같았다. 시기는 무당에 따라 다른데, 자신의 경우는 단군 산신의 출생일인 음력 3월 3일, 제삿날인 9월 9일이면 해마다, 영험한 곳으로 알려진 높은 산 깊은 곳(김금화 무당의 경우는 북한산 백운대의 제단)에 찾아가 기도함으로써 기를 받아가지고 온다고 했다. 이 대목에서 아울러 생각해 볼 만한 현상으로, 평신도의 산기도 및 철야(심야)기도회 현상이다. 민간에서 일반인도 기자祈子를 하기 위해서라든가 특별한 일이 있을 경우, 산에 가서 기도하는 것이 일반적이었는데, 혹시 이것이 한국 개신교의 산기도와 관련되는 것이 아닌가 한다. 철야(심야)기도는 무당의 굿판이 초저녁에 시작하여 한밤이나 새벽까지 이어지는 것이 보통이었던 데에서, 한국에서는 철야(심야)기도회가 매우 자연스럽게 만들어지고 폭넓게 받아들여진 것이 아닌가 추정해 볼 수 있다.

④ '기도받다'는 말과 민간신앙의 주술관념

기도와 관련하여 한국 개신교에서는 '기도받다'라는 특이한 언어와 행위가 존재하고 있다. 몸이 아플 경우, 차를 새로 구입했을 경우, 목회자를 초청해서 그 머리나 환부에다 손을 대고 병 낫기를 기도하고, 새로 구입한 차에다 손을 대며 무사고를 기도하는 등의 의식을 표현하는 말이고 행위다. 미국개신교 같으면 이른바 '이단'으로 낙인찍힌 종파에서나 가능한 표현이라는데 한국 개신교에서는 아주 흔하게 사용되고 있다. 아파도 기도받고, 각종 시험을 앞에 두고도 기도받는다.

그렇다면, 한국 개신교의 '기도받다'는 말이나 행위는 어디에서 온 것일까? 다분히 민간신앙적인 주술관념에서 기인한 것으로 이해할 수 있다. 덕담을 하면 덕담한 내용 그대로 당사자에게 좋은 일이 생길 것이라고 믿어온 언령관념言靈觀念이 그 기저에 작용하는 것으로 일단 풀이된다. 그런데 그것만으로는 완전한 해명이 불가능하다. 그런 덕담성 기도는 목회자가 아니고서도 평신도 상호간에 얼마든지 해줄 수 있기 때문이다. 하지만 그런 경우에는 '기도받다'라는 말을 쓰지 않는다. 목회자 또는 목회자에 상응한 영력의 소유자가 기도해 주는 경우에만 '기도받다'라는 말을 쓴다. 여기에는 유사시에 무당을 불러다가 각종의 굿―제액초복을 위한 재수굿, 치병을 위한 병굿·푸닥거리·영장치기, 이사가거나 집을 새로 지었을 때 최고 가신인 성주신을 봉안하는 성주맞이,

기자 발원을 위한 겜심바침―을 함으로써, 곧 무당(또는 무당을 통해서 현현되는 신)의 영력을 통해서 문제를 해결하던 전통이 개신교를 만나서 '기도받는' 것으로 변형된 게 아닌가 한다. 특히 안수도 겸해지는 경우에는 목회자를 통해서 성령의 힘이 '기도를 받는' 사람의 몸에 다운로드되는 것으로 이해하기 때문에 가능한 것이 아닌가 해석된다. 말하자면 민간신앙의 모방주술과 접촉주술이 결합함으로써 '기도받다'라는 특이한 언어가 파생한 것으로 이해할 수 있다.

⑤ 특별기도시 목회자 음성 · 어조의 변화와 무당의 공수

병자를 위한 기도의 경우, 목회자의 음성과 어조에 변화가 생기는 수가 많다. 일상적인 음성이나 어조가 아니고, 평상발음을 변형시켜 발화하는 경우가 많다. 예컨대 "믿습니다"라고 하는 대신 "믿―습니다" 이렇게, 강세와 음장音長(정 음절을 길게 발음하는 것을 일컫는 국어학 용어) 및 모음의 변화 등을 수반하기 일쑤이다. 미국 개신교에서는 그렇게 발음하는 경우는 이단으로 규정된 종파에서나 가능하다지만, 한국 개신교에서는 그다지 낯선 현상이 아니다. 특히 이른바 부흥집회나 은사집회 같은 데서는 아주 흔하게 발견되는 현상이다.

목회자 음성과 어조의 변화는 공수를 내릴 때의 무당의 목소리와 아주 유사하다 할 수 있다. 의식적인 계승일 수도 있고 무의식적인 계승일 수도 있겠으나, 목회자들은 무당의 공수를 이어받아 일상적인 발화와 구별되게 소리를 냄으로써, 기도를 받는 사람으로 하여금 신비한 힘을 가청적으로 확신하게 하려는 데서 이런 현상이 나타난 것이 아닌가 판단된다. 주지하는 대로 무당이 공수를 내릴 때는 대부분, 평상시와는 다른 음색이나 어조로 발화하는 것이 일반적이다. 이는 굿을 의뢰한 사람으로 하여금, 실제로 해당 신령이 무당에게 내려와 메시지를 전하는 것으로 확신하게 하는 효과를 발휘한다고 하겠다. 한국 개신교 목회자들이 특별기도를 할 경우, 또는 특별집회의 설교시간에 음성과 어조를 심하게 변화시켜 발화하는 것도 무속의 공수전통을 은연중에 도입함으로써 마찬가지 효과를 얻으려는 데에서 기인한 것이 아닌가 해석한다.

헌금의 경우

① '소원감사헌금' 또는 '소원예물'과 민간신앙의 제물

"○○학원을 새로운 희망과 꿈을 안고 ○○집사가 맡게 되었습니다. 주님이 함께 하옵소서." "시작은 미약하나 남편의 앞길을 창대히 열어주옵소서."

이것은 모 교회의 주일예배 헌금시간에 바쳐진 헌금봉투에 적힌 내용이다. 이런 헌금을 두고 '소원예물' 또는 '소원감사헌금'이라고 부른다. 하지만 이는 개신교 헌금의 본래적인 성격과는 구별되는 현상이다. 개신교에서는 하나님의 은혜에 대한 감사 또는 헌신의 표시로서의 헌금만이 존재할 뿐이다. 글자 그대로 헌금은 헌금獻金 또는 예물禮物일 뿐이다. 어떤 조건이 있을 수 없다. 조건부로 냈다면 그 순간 헌금이나 예물이라고 하기는 곤란하다. 개신교의 하나님은 절대주권을 가지고 복을 주시고 성공하게 하시고 또 화도 주시고 실패도 하게 하시는 분이지, 헌금을 함으로 그 돈에 좌우되어 복을 주시는 하나님은 아니다.

위에 제시한 한국 개신교의 '소원헌금'은 각종 민간신앙에서 올려지는 제물의 성격과 방불한 것이다. 민간신앙의 제물은 아주 특별한 경우를 제외하고는, 신의 은총에 대한 감사의 표현으로 드리는 게 아니다. 신을 만족시킴으로써 개인의 소원이든 마을 전체의 풍요든, 제물을 바치는 이의 목적을 이루기 위해 바치는 것이다. 심하게 말하면 뇌물의 성격이 아주 강하다 할 수 있다. 정성을 표하면 신이 그것을 받고 일정한 복을 내려주리라는 기대에서 바치는 것이 민간신앙의 제물이다.

현재 한국 개신교 공중예배에서 바쳐지는 헌금 가운데에서 위에서 보인 이른바 '소원예물', '소원감사헌금'의 성격은 말이 예물이고 감사헌금이지, 본질상 민간신앙의 제물과 동질적이라 할 수 있다. 민간신앙에서 늘 그런 의식으로 제물을 바쳐왔기에, 그 문화에 익숙하기에, 개신교에서 헌금하면서도, 위에 보인 것처럼 이루어지기 원하는 '소원'을 봉투 겉면에 진술하고, 또 그 소원을 하나님이 성취해 주시기를 원하고 있다 하겠다.

② 헌금준비의 엄격성과 민간신앙의 제물 마련 자세

한국 개신교에서는 헌금을 주로 현금으로 낸다. 과거에 생활이 어려울 때는 동전도 많았으나 지금은 주로 지폐로 낸다. 그런데 지폐로 헌금을 마련할 경우, 대부분은 새 돈으로 준비하려고 노력한다. 은행에서 봉급을 찾아와서 십일조를 준비할 때면 그 중에서 가장 깨끗한 것으로 추리기도 하고, 어떤 경우에는 아예 은행의 해당 창구에 가서 필요한 만큼의 액수를 새 돈으로 바꿔 달라고 해서 내기도 한다. 심한 경우에는 다리미로 다리기도 한다. 이 역시 서양과는 구별되는 한국 개신교만의 특성이 아닐까 여겨진다.

이런 관행은 어디에서 온 것일까? 혹시 민간신앙에서 제물을 마련할 때, 정갈한 것, 흠이 없는 것으로 골라서 바치던 관행에서 영향 받은 것은 아닐까 생각한다. 그 구체적인 사례를 제사음식을 정성껏 준비하지 않아서 부정을 타 벌을 당했다는 내용을 수많은 설화자료를 통해서 잘 알 수 있다. 썩은 측간 이엉으로 신에게 올릴 첫국밥을 끓였다든가, 측간 지붕으로 국밥을 끓이거나, 국밥에 머리카락이 들어 있었다든가, 국밥에 구렁이가 들어 있거나, 음식이 부정하였다든가 돌멩이, 손톱·발톱 등이 들어 있었다거나 똥이 묻어 있어서 벌을 받았다는 것이 그 구체적인 내용이다. 한국 개신교도들이 헌금을 준비할 때 깨끗한 돈을 고르는 것은 어쩌면 이와 같은 민속의 관행과 연관이 있는 것이 아닌가 생각한다.

③ 헌금(봉헌)기도의 기복성과 민간신앙의 기복성

한국 개신교에서 예배시간에 헌금하고 나서 드리는 기도를 헌금기도 또는 봉헌기도라고 한다. 그 헌금기도의 내용 중에 "이 헌금을 드리오니 바친 손길마다 축복해 주옵소서"와 같은 대목을 넣기 일쑤이다. 거의 필수적인 항목으로 정형화하여 들어가 있다. 헌금을 한 대가로 하나님께서 복을 내려달라고 요청하는 것으로 요약할 수 있는 기도이다. 앞에서 지적한 대로 개신교 본래의 헌금이 가진 성격에 비추어 보면, 이런 '주고받기give and take' 식 혹은 '반대급부'를 바라는 식의 기도는 특이한 것이다. 미국 개신교에는 이런 봉헌기도가 아예 없다고 한다.

이같은 기도는 어디에서 왔을까? 이는 모든 민간신앙의 주체들이 제상祭床에 일정한 제물(돈 포함)을 진설하고 나서, 반드시 일정한 복을 비손하는 것과 그대로 대응된다고 생각한다. 그런 관행에 익숙해져 있다 보니, 개신교에서 헌금할 때도 당연히 그 헌금을 받은 신이 일정한 복을 내려주는 것이 당연하다고 생각하다 보니 그런 요구 성격의 기도를 하는 것이라 해석된다.

예배 일반

① 송구영신예배시의 소원제목 쓰기와 소지올리기

한국 개신교의 예배 중에 송구영신예배라는 게 있다. 12월 31일 자정에 드리는 예배를 일컫는 말이다. 글자 뜻 그대로 묵은해를 보내고 새해를 맞이하는 의미로 드리는 예배이다. 새해 첫 시간에 드리는 예배인 셈이다. 이때 많은 교회에서, 새해를 맞이하면서 이루고 싶어하는 소원(기도제목)을 각자 또는 가정별로 종이에 써가지고 와서 제출하면, 목회자가 이를 수합하여 축복기도를 하는 경우가 있다.

이런 기도형태도 한국 개신교에만 있는 것으로 보이는데, 민간신앙의 소지燒紙올리기 전통의 영향을 받아 만들어진 현상이 아닌가 한다. 특히 동제의 경우, 대동소지大同燒紙에 이어 각호소지各戶燒紙를 올리는 것이 일반적이다. 시기 면에서도 대부분의 동제는 음력 정초에 택일하여 정월 초이틀이나 사흘에 지내거나, 대보름 첫시간 즉 자정에 행하는 것이 일반적이라서 개신교의 송구영신예배로 치환될 수 있는 가능성이 높다 하겠다. 필자의 어릴 적 기억으로는, 연탄난로가 있을 시절의 송구영신예배 때 각자 회개할 내용을 종이에 적어 가지고 있다가, 한 사람씩 난로불에 던져서 사르는 순서가 있곤 하였는데, 이것은 그야말로 민간신앙의 소지절차와 아주 밀접한 상관성을 가졌던 것이 아니었나 싶다.

② 일부목회자 · 신도의 예배 전 정결례淨潔禮와 제관의 금기

한국 개신교의 목회자나 신도 중에는 주일예배를 준비하는 과정에서 반드시 목욕재계를 하는 경우가 있다고 한다. 어떤 목회자는 목욕재계는 못해도 반드시 손을 씻어야만 강대상에 올라간다고 한다. 이런 자세도 한국만의 특수성이 아닌가 한다.

이는 민간신앙에서 제관祭官으로 뽑힌 사람들의 엄격한 금기와 근신의 전통과 깊게 연관되어 있다 할 수 있다. 제관들은 일단 선출되면 부부가 한방에 들지 않는다든가 언행을 삼가고 출입을 금하는 것은 물론, 매일 찬물로 목욕재계하는 것이 일반적인데, 이것과 일부 목회자나 신도의 정결례 간에는 일정한 상관성이 있는 것으로 해석된다.

기타

① 신년축복성회와 신년제

한국 개신교의 많은 교회에서는 새해를 맞이하면서 '신년축복성회'라는 이름으로 특별집회를 연다. 말뜻 그대로 신년을 맞이하여 축복을 받기 위한 집회이다. 그때는 외부에서 유명한 강사를 모셔다 사나흘 혹은 1주일간 집회를 연다. 이런 집회는 한국 개신교에만 있는 현상이다.

어디에서 유래한 것일까? 말할 것도 없이 기존의 신년제新年祭와 관련이 있다고 생각한다. 신년제란 해가 바뀐 새해의 처음에 풍요와 건강을 위해서 매년 주기적으로 반복되고 있는 제의이다. 정월 초하룻날 아침의 차례를 비롯하여 정초에 이루어지는 안택安宅·지신밟기·동신제 등의 각종 제의가 신년제의 범주 안에서 매년 되풀이되는 제의적 행사이다. 이와 같은 신년제는 해가 바뀔 때마다 매년 반복되어 한국의 어디를 가나 같은 시기에 같은 형태의 제의가 같은 목적으로 이루어지고 있는 보편적이고도 기층적인 문화현상이다. 어느 것이든 풍요와 건강을 목적으로 하고 있다는 점에서 한국 개신교에서 이루어지는 신년축복성회와 긴밀하게 연관된다고 생각한다. 새해가 되면 행했던 신년제의 관행을 개신교적으로 변용한 것이 신년축복성회라고 본다.

② 부흥강사들의 반말·욕설과 무당의 공수

부흥회에서 흔히 보이는 현상 중의 하나가 부흥강사들의 거친 언어이다. 청중 중에 나이가 지긋한 분들이 앉아있는데도 아랑곳하지 않고 반말을 한다든지, 심한 경우에는 욕설을 하는 경우도 많다. 부흥강사 중에는 박ㅇ원 목사나 이ㅇ석 목사 등 '욕쟁이'로 소문난 인사도 있을 정도이다. 부흥회의 문제점을 지적하는 자리에서 부흥사로 활동하는 어느 목사 스스로 이 점을 지적한 바도 있다.

이런 현상은 어디에서 온 것일까? 필자의 생각으로는 굿의 공수와 연관이 있다고 판단한다. 공수를 내릴 때면, 공수의 주체가 신령이기 때문에, 거기 청중들에게 반말하는 것이 일상화되어 있다. 특히 굿을 의뢰한 사람이 말귀를 못 알아듣는다든가 해서 무당이 화가 나 있을 때는 욕하는 경우도 있다. 신점자의 경우에도 때때로 내담자를 향해서 "너 ㅇㅇㅇ해서 왔지?" 이런 식으로 반말로 응대하는 경우가 많다고 한다. 평소에는 천시당해서 반말을 들어야 하던 무당이, 공수를 내릴 때만은 신을 빙자하여 역전된 위치에서 마음껏 반말을 할 수 있는 기회이기에 더욱 그와 같은 어투를 많이 썼던 것이 아닐까 하는 생각도 든다. 한국 개신교 부흥회에서 일부 강사들의 언어에서 반말과 욕설이 자주 등장하는 것은 바로 이같은 강신무의 공수 전통 및 신점자들의 어투와 연결시키지 않고서는 해명하기 어려운 현상이 아닌가 한다. 강단에 서서 말씀을 증거하고 어떤 영력을 발휘할 때, 자기도 모르는 사이에, 신령과 인간간의 매개자로 착각해서 군림하는 의식을 가지면서, 어릴 때부터 익숙하게 들어온 무당의 공수나 신점자의 반말투 어법을 자연스럽게 구사하면서 반말과 욕설이 생긴 것으로 이해된다.

③ 심방제도와 단골판 신봉자들에 대한 무당의 봉사

앞에서도 언급했듯이, 한국 개신교 교회에는 이른바 심방尋訪이라는 게 있다. 목회자가 신자의 집을 방문하여 신앙지도를 하고 신앙상담을 하는 것이 바로 심방이다. 위로가 필요한 가정에는 위로를, 구제가 필요한 가정에는 구제의 손길을 펴기도 한다.

개신교 교회의 심방 중에서 가장 특징적인 것은 정기적인 심방이다. 이른바 춘계대심방과 추계대심방이라 하여 매년 두 차례의 정기적 심방이 거의 모든 교회에서 실시되고 있다. 그 기간에는 철저한 계획 아래, 모든 가정을 대상으로 목회자가 순회하며 각 가정을 돌아보며 가정형편도 확인하고 어려움을 청취하며 복을 빌어주기도 한다.

이처럼 보편화되어 있는 한국 개신교 교회의 정기적 심방제도는 매우 특이한 현상 중의 하나이다. 미국 플로리다주 올랜도 휄로우쉽 교회에서 목회하고 있는 이근재 목사의 전언으로는, 미국에서는 성도가 방문을 원하여 호출하는 경우 외에는 전혀 성도의 가정을 방문하지 않는다고 한다. 모든 문제의 상담은 교회(당) 안에서 이루어진다고 한다. 기본적으로 사생활에 대하여는 절대 알려고도 하지 않는 분위기라는 것이다.

우리의 정기적 심방은 어디에서 유래한 것일까? 무속에서 무당이 그 신봉자인 단골을 위한 봉사활동과 긴밀하게 연관되어 있다고 생각한다. 조흥윤 교수의 다음과 같은 보고는 매우 시사적이다.

"무당이 그의 신봉자를 돌보는 과제는 물론 그의 활동 가운데 가장 중요한 몫을 차지한다. 무당이 인간에게 봉사하지 않고 단순히 제 개인만을 위해 존재한다는 것은 생각할 수 없다. ……단골을 위한 무당의 활동은 정기적인 것과 비정기적인 것 둘로 나누어 볼 수 있다. 무당이 절기나 명절에 신봉자들의 흉사를 예방하고 복을 비는 제반 제의는 그 정기적 봉사에 속한다. 정월의 홍수막이, 4월의 초파일마지, 7월에 칠석마지, 가을에 햇곡마지, 그리고 삼재풀이와 동지마지 등이 그러한 정기적 봉사의 예에 속한다. ……신봉자에 대한 무당의 비정기적 봉사는 그들이 무당을 개별적으로 방문하는 기회에 이루어지는 상담에서 찾을 수 있다. 신봉사들은 온갖 종류의 가정문제를 무당에게 들고 온다. 그들이 어떤 문제로 고민하는 그들의 이웃을 데려오는 경우도 흔하다."

무당에게 그의 신봉자를 돌보는 과제가 가장 중요한 활동의 하나였듯이, 한국 개신교 목회자들도 신자들을 돌보는 것에 목회활동의 우선적이고 큰 비중을 두고 있는 것이 아닌가 여겨진다. 신자들도 그런 문화에 익숙해져 있다 보니 목회자에게 심방해 주기를 요청하고 이를 자연스럽게 여기고 있다고 보여진다.

맺음말

이상에서 거론한 것처럼, 한국 개신교에서는 서구의 개신교와는 구별되는 특이한 현상들이 상당수 발견되며, 이는 민간신앙의 여러 국면과 대응됨을 확인할 수 있었다. 국내 목회자와 신자들이 외견상으로는 민간신앙을 미신 혹은 우상숭배로 배척해 온 듯이 여겨지지만, 실제로는 상당히 많은 부분에서 민간신앙을 수용하고 있다는 것은 흥미로운 사실이다. 어떤 의미에서는, 그간 비약적으로 교세 확장을 이루어 오면서, 한국 개신교는 이면적으로 민간신앙에 커다란 빚을 졌다고 할 수 있을 정도이다. 민간신앙적인 동기로 찾아오는 신자들, 민간신앙적인 방법을 이용하는 목회자들(특히 부흥사들)이 결합하지 않았다면 과연 개신교의 눈부신 양적 성장이 가능하였을지 장담하기 어렵다고 생각한다.

5천년 역사 중에서 4800년 정도를 민간신앙이라고 하는 기층종교의 지속적인 영향 하에 살아온 한민족이, 외래종교인 개신교를 받아들여 믿는 과정에서, 서구와는 다른 스펙트럼을 보이는 것은 어쩌면 당연한 현상인지도 모른다. 불교나 유교만 그랬던 것이 아니라, 개신교도 예외는 아닌 것이다.

앞으로의 과제를 몇 가지 제시하면서 이 글을 마무리하고자 한다.

첫째, 이 글에서 한국 개신교를 대상으로 하였으나, 사실 필자에게 비교적 익숙한 감리교와 장로교 쪽의 사례를 중심으로 언급한 것이다. 따라서 성결교·침례교 등 여타 교파 쪽의 경우는 잘 알지 못한다. 다만 장로교 중에서 보수를 자임하는 교회에서도 마찬가지 현상이 나타나는 것을 보면 대부분의 개신교 교회들이 여기서 지적한 바와 대동소이한 양상을 보일 것이라 짐작할 뿐이다. 앞으로, 이 글에서 지적한 현상들이 한국 개신교의 보편적인 현상임을 입증하기 위해서는, 모든 개신교 산하 각 교파의 목회자와 교인들을 대상으로, 광범위하게 설문조사나 전화상담 등을 실시하여, 거기서 얻어진 결과를 분석해 근거로 제시해야 하리라 본다.

둘째, 이 글에서 한국 개신교의 특이현상이라 해서 지적한 것들이 과연 한국에서만 발견되는 것인가 하는 것도 아직은 확증하기가 이르다. 다른 나라의 개신교의 경우와 비교하는 작업도 후속되어야 하리라 생각한다.

셋째, 한국 개신교의 특이 현상들은 민간신앙과의 상관성뿐만이 아니라 불교·유교 등 다른 전통종교와도 연관지어 볼 수 있다. 특히 이 글에서 거론하지 않은 특이 현상들도 있는데, 이는 민간신앙의 전통으로는 해명하기 어려우므로, 다른 신앙 혹은 문화와의 관련성에 대해서도 계속 연구해야 하리라 생각한다.

제9강

일생의례

일생의례는 한 사람이 한평생을 살아가면서 반드시 거치는 여러 가지 의
례를 일컫는 말이다. 태어나서 죽기까지가 일생인데, 우리나라에서는 출생하
기 전의 기자祈子, 죽은 이후의 제사까지 포함하여 일생의례를 다룬다.

출생의례

출생의례는 출생에 따르는 의례다. 기자, 임신, 출산과 산후의례 등 각 단
계에서의 행위와 금기가 무엇인지 살펴보자.

기자祈子

기자에는 치성(기도)을 드리는 치성기자, 주술적인 방법을 동원하는 주술
기자가 있다.

치성기자에는 이상하게 생기거나 커다란 바위, 옹달샘, 거목 등에 치성을 드리는 산 치성, 절에 가서 비는 절 치성, 조왕님, 삼신할머니한테 비는 집안 치성 등이 있다.

바위, 샘, 나무 등을 기자치성의 대상으로 삼는 까닭은 무엇일까? 민간에서는 특이하거나 수명이 긴 것을 신성시神聖視하는 경향이 있다. 아주 크거나 기묘하게 생긴 바위, 가뭄에도 마르지 않는 샘, 수백 년이 지나도 죽지 않고 사는 나무는 특이성과 영속성永續性을 지닌 것들이기에 신성시하였다. 아들 낳기를 비는 여인들은 이들 앞에 가서 치성을 드림으로써 이것들의 신성神聖에 감응感應되어 임신이 되기를 간절히 바랐던 것이다.

『삼국유사』권1에는 웅녀熊女가 단수壇樹 밑에서 아기 갖기를 빌어 단군을 낳았다는 기록, 북부여의 왕 해부루解夫婁가 늙도록 아들이 없으므로 산천山川에 대를 이을 아들 낳기를 빌어 곤연鯤淵에서 금와金蛙를 얻었다는 기록이 있다. 이것은 나무 또는 산천에 기자 치성을 드리는 일이 오래 전부터 있었음을 말해 준다. 치성은 각자의 형편에 맞게 수시로 드리지만, 대개 정초와 삼짇날(음력 3월 3일), 초파일(음력 4월 8일), 단오(음력 5월 5일), 칠석(음력 7월 7일), 중구重九(음력 9월 9일)에 많이 드린다. 이 중 설은 새해가 시작되는 명절이므로 1년간의 건강과 평안을 기원하는 안택安宅고사를 비롯하여 온갖 치성을 드린다. 사월 초파일은 부처님 오신 날이므로, 절 치성을 비롯한 여러 가지 치성을 드린다. 특별한 의미를 갖는 설과 초파일을 제외한 나머지 날들은 모두 한국의 전통적인 명절인데, 3·3, 5·5, 7·7, 9·9로 홀수가 겹친 날이다. 수에는 홀수와 짝수가 있는데, 홀수는 양陽이고, 짝수는 음陰으로 본다. 따라서 이 날들은 모두 양의 수가 겹치는 날로, 양기陽氣가 왕성한 날이다. 달은 생명체의 출생·번식·풍요를 주관하는 힘 즉 생생력生生力(fertility)을 지닌 최고의 존재인데, 초순은 달이 점점 커지는 때이다. 그러므로 달이 점점 커지는 초순의 양기가 넘치는 날이 바로 달과 날짜가 10 미만의 수로 겹치는 날이다. 그래서 이러한 날을 명절로 정하고, 치성을 드리는 것이다.

주술 기자는 아이를 갖기 위하여 특이한 행위를 하거나, 색다른 음식을 먹어 그 주술적인 힘으로 아이를 얻으려는 것이다. 특이한 행위로는 아들 많은 집의 금줄 훔치기, 아들 많이 낳은 여인의 진 자리옷 가져다 입기, 아들 많이 낳은 여인의 생리대 훔쳐다 차기, 부적 지니기, 은이나 쇠 또는 나무로 만든 도끼를 속옷 끈에 차기, 고추를 주머니에 넣어 차기 등이 있다. 색다른 음식 먹기로는 아들 많이 낳은 여인에게 쌀과 미역을 가져다가 첫국밥을 해 주고 그 집의 쌀과 미역을 가져다가 먹기, 금줄에 끼워 둔 미역 먹기, 석불石佛이나 돌미륵의 코를 문질러서 그 가루를 먹기 등이다. 이것은 특별한 때에 어떤 행위를 하면 그 행위는

그와 유사한 결과를 가져온다고 믿는 모방주술模倣呪術 심리에서 나온 행위인데, 남모르게 하는 것이 대부분이다.

임신

일단 임신을 하면, 임신부는 말과 행동을 조심하고, 마음가짐을 바르게 하여야 한다. 이것은 태아에게 절로 좋은 감화를 주어 훌륭한 아이로 자라게 하는 태교胎教의 의미를 지닌다.

임신부는 출산할 때까지 여러 가지 금기禁忌를 지켜야 하는데, 이것은 대체로 음식물에 관한 것과 행위에 관한 것으로 나눌 수 있다. 이들 중 몇 가지를 적어 보면 다음과 같다.

① 오리 고기를 먹으면 손가락·발가락이 붙은 아이를 낳는다.

② 닭고기를 먹으면 아이의 살결이 닭살과 같이 된다.

③ 토끼고기를 먹으면 눈이 새빨갛게 된다.

④ 오징어 고기를 먹으면 뼈 없는 아이를 낳는다.

⑤ 금이 간 그릇에 음식을 담아 먹으면 커서 훌륭한 사람이 되지 못한다.

⑥ 산월에 구들을 고치면 언청이를 낳는다.

⑦ 친척 초상집에 다녀오면 아기가 눈물만 흘린다.

⑧ 산월에 부부 관계하면 아기의 눈 · 코 · 귀에 이상이 생긴다.

⑨ 부부간에 싸움을 많이 하면 아기의 성격이 거칠다.

여기에서 ①~⑤는 음식물에 관한 것이고, ⑥~⑨는 행위에 관한 것이다. 음식물에 관한 것 중 ⑤와 행위에 관한 것 네 가지는 태교, 임신부의 건강과 정서를 고려한 것이라 생각한다. 그러나 ①~④는 모방주술模倣呪術 심리에서 나온 것이므로, 현대인의 합리적 사고로는 선뜻 이해하기 어렵다. 모방주술의 입장에서 보면, 임신부가 어떤 음식을 먹으면, 그 음식의 형질이나 속성 중 특징적인 것이 태아에게 전수傳授된다. 그래서 오리 · 닭 · 토끼 · 오징어 고기를 먹으면, 이들의 특징적인 것이 태아에게 전수되어 손가락 · 발가락이 붙은 아이, 살결이 닭과 같은 아이, 눈이 빨간 아이, 뼈 없는 아이를 낳는다고 생각하였던 것이다.

출산

요즈음에는 병원에 가서 아기를 분만하는 것이 보통이지만, 얼마 전까지만 하여도 집에서 분만하는 것이 예사였다. 집에서 분만할 때에는 산실産室의 윗목에 '삼신상'을 차려 놓고, 산모는 아랫목에 누워서 분만을 기다렸다. 순산을 하면 다행이지만, 그렇지 못할 때에는 주술적인 방법으로 대처하였다.

주술적인 방법에는 산모에게 어떤 물건을 부착시키기, 산모에게 무엇을 먹이기, 산모의 자리를 옮기기, 가족이 특별한 행위를 하기 등이 있다.

아기를 분만한 뒤에 자른 태胎는 짚이나 종이에 싸서 놓았다가 처리하는데, 처리하는 방법에는 태를 작은 단지에 넣고 뚜껑을 덮은 뒤에 땅에 묻는 법, 물에 띄우는 법, 불에 태우는 법 등이 있다. 옛날 왕가에서는 왕자의 태를 작은 항아리에 넣어 풍수지리상으로 좋은 자리를 골라 묻었다. '태봉胎峰'이라고 불리는 산봉우리는 왕자의 태를 묻었던 곳인 경우가 많다.

아이를 낳으면, 대문에 금줄(인줄)을 쳐서 외인을 금했다. 인줄은 왼 새끼에 고추, 숯, 백지, 솔잎 등을 끼운다. 산모에게는 첫국밥을 해 주는데, 흔히 삼신상에 놓았던 쌀과 미역으로 밥을 해 준다. 이 때는 고기를 넣지 않고 소국을 끓이는 것이 보통이다.

금줄은 어린아이를 낳은 집에만 치는 것이 아니고, 각 가정에서 굿을 할 때에도 대문 앞에 걸었고, 마을에서 동신제를 지낼 때에도 당집이나 당산 나무 둘레에 금줄을 쳤다. 장을 담갔을 때에는 장독에 금줄을 매기도 하였다. 금줄은 신성한 곳 또는 신이 있는 곳이니 부정한 것이 들어갈 수 없다는 뜻을 나타내는 것이다. 금줄은 왼 새끼로 하는데, 짚은 농경 문화를 반영한 것으로 토지를 의미하며, 청정清淨한 식물이고, 우리의 주식물이 되어 생명을 존속시켜 주는 다산多産의 식물이다. 그래서 신성한 것으로 받아들여진다. 왼쪽은 비일상적인 것이고, 거룩하고 신성하며 옳은 것을 상징한다. 그래서 왼 새끼줄은 거룩하고 신성하며, 옳은 것을 상징한다고 하겠다.

오랜 옛날부터 농경 생활을 한 우리 조상들은 태양을 숭배하였는데, 그 빛이 흰 빛이므로, 흰 빛과 흰 색을 신성시하고, 좋아하였던 것 같다. 옛날이야기에 나오는 머리 하얀 노인을 신으로 생각하는 것은 이러한 의식에서 연유된 것이라 생각한다. 그러므로 왼 새끼줄에 끼는 백지는 '신성神聖'을 의미한다고 하겠다. 애기 백일이나 돌에 하는 흰무리떡도 이와 같은 의미를 지닌 것으로 볼 수 있다.

숯은 더러운 것을 태워 버리고 남은 덩어리로, 다른 물질을 정화시키는 정화 작용을 하기도 한다. 그러므로 숯은 '정화淨化'를 의미한다고 하겠다.

고추는 빨간 색인데, 빨간 색은 모든 것을 태워 없애는 불의 색으로, 귀신이 싫어하고 무서워하는 색이다. 그래서 빨간 색의 고추는 '축귀逐鬼·축사逐邪'의 의미를 지닌다. 동짓날 쑤어 먹는 팥죽, 애기의 백일이나 돌에 하는 수수팥떡, 전통 혼인례에서 신부의 얼굴에 찍는 연지·곤지 등도 이와 같은 의미를 지닌 것이라 하겠다.

산후의례

산후의례産後儀禮는 아기가 세상에 태어난 지 3일이 되는 날부터 시작된다. 산모는 쑥물로 몸을 씻고 아기도 목욕시키는데, 첫날은 위로부터 아래로, 그 다음날은 아래로부터 위로 씻기면 발육이 고르다고 한다.

아기가 태어난 지 한 이레, 두 이레, 세 이레가 되는 날에는 간단한 의례를 행한다. 특히 세 이레가 되는 날에는 인줄을 거두고, 모든 금기를 해제하며, 산실을 개방한다. 이 날, 이웃이나 친척들은 출산을 축하하고 아기를 보러 오는데, 그 집에서는 미역국과 쌀밥을 대접한다.

아기가 태어난 지 백일이 되는 날에는 백일잔치를 한다. 3·7일까지는 산모의 건강 회복을 위주로 한 기간이었던 데 비하여, 백일은 어린이 본위의 경축일이다. 이 날, 이웃이나 친척들은 실·옷·아기에게 필요한 물건 등을 선물로 가져오고, 그 집에서는 성대히 대접을 한다. 백은 성숙된 수, 완전수의 의미를 지니고 있으므로, 영아 사망률嬰兒死亡率이 높던 시대에 어린아이가 출생하여 백일을 맞는 것은 그가 온전한 사람이 되었음을 뜻하는 것이다. 그러므로, 이 날을 경축하는 데서 백일잔치의 풍습이 생긴 것이라 생각한다.

돌날에는 여러 가지 음식을 장만하여 돌상을 차리고, 아기가 앉을 자리 앞에 남자아이면 돈·실·붓(연필)·활과 화살(총) 등을 놓아두고, 여자아이면 활과 화살 대신에 자·바늘·가위를 놓아둔다. 그리고 아기가 마음에 드는 물건을 골라잡게 하여 아기의 장래를 점친다. 이를 '돌잡이(試周, 試兒, 試晬)'라 하는데, 어린아이가 잡은 물건에 따른 해석은 다음과 같다.

- 돈, 쌀 — 부자가 된다.
- 실 — 수명이 길다.
- 붓, 색연필, 종이 — 공부를 잘하여 학자가 된다.
- 활, 화살, 총 — 장군이 된다.
- 자尺, 바늘 — 바느질을 잘 하게 된다. 손재주가 뛰어나게 된다.
- 칼刀 — 음식 솜씨가 뛰어나게 된다.

옛어른들은 돌잡이를 하여 어린아이의 장래를 점친 다음에 아이를 그 방향으로 양육하였다. 그럴 경우, 돌잡이는 아이의 장래에 영향을 끼치는 중요한 의례가 된다.

성년식冠禮

어린이가 자라 성인이 되면 성년식(入社式, initiation)을 갖는데, 이것은 부모의 슬하를 떠나 육체적·정신적 훈련을 받은 다음, 사회 구성원으로 인정받는 의식이다.

성년식의 형식이나 절차는 민족에 따라 다르다. 오스트레일리아 원주민을 비롯한 여러 지역의 원주민 사이에서 행해지는 성년식은 '분리separation—전이 transition—통합incorporation'의 과정을 거치는 것이 보통이다. 어린아이가 자라 성인의 나이가 되면, 부모로부터 격리하여 일정한 기간을 또래 아이들과 함께 수용한 다음, 육체적·정신적 시련을 가하고 정신교육을 실시한다. 그리하여 그가 성인으로서의 자세를 갖게 한 후, 다시 마을로 돌려보내는데, 그가 마을로 돌아온 뒤에는 어린아이가 아닌 성인으로 대우한다. 이것은 한 개인이 성인이 되는 의식이기도 하지만, 보다 나은 상황으로 발전하는 데 거쳐야 하는 의식 절차이기도 하다. 각 지역의 원주민들은 지금도 이 의식을 철저하게 행한다고 한다.

한국에서는 고려 때부터 중국의 것을 받아들여 관례冠禮를 행하였는데, 이것은 다른 나라에서 말하는 성년식과 같은 의미를 지닌다. 이와 비슷한 행사로는 신라의 화랑제도를 들 수 있다. 머슴들은 마을 사람들이 보는 앞에서 '들돌' 들기를 하였는데, 이것은 머슴의 성년식이라 하겠다.

관례는 보통 20세 전후(조선 후기에는 10세 전후) 되는 해 정월에 날을 정하여, 본받을 만한 어른을 빈賓(주례자)으로 모시고 행하였다. 그 절차를 간단히 적어 보면 다음과 같다.

먼저 빈의 주관 아래 ①시가始加, ②재가再加, ③삼가三加의 예禮를 행하였다. ①에서는 머리를 올려 상투를 틀고, 어른의 평상복을 입힌 다음, 머리에 관을 씌우고, 어린 마음을 버리고 어른스러워질 것을 당부하는 축사를 한다. ②에서는 어른의 출입복을 입히고 머리에 모자를 씌운 다음, 모든 언동을 어른답게 할 것을 당부하는 축사를 한다. ③에서는 어른의 예복을 입히고 머리에 유건儒巾을 씌운 다음, 어른으로서의 책무를 다할 것을 당부하는 축사를 한다. 그 뒤에 술을 내려 천지신명께 어른으로서의 서약을 하게 하고, 술 마시는 예절을 가르치는 초례醮禮를 올렸다. 그 다음에는 자字를 수여하고, 사당에 고한 뒤에 참석자들에게 절하는 순서로 진행하였다.

여자의 경우에는 보통 15세 전후에 계례笄禮를 올렸다. 계례는 집안 안 어른 중에서 예절을 잘 아는 분을 빈으로 모시고, 머리를 올려 쪽을 찌고 비녀를 꽂은 뒤에 어른의 옷을 입힌 다음, 어른스러워지기를 당부하는 축사를 하였다. 그리고 초례를 한 뒤에 당호를 지어 주고, 참석한 웃어른께 인사를 올리는 순서로 진행하였다.

관례는 상류층에서 행하여지다가 조선 후기에는 결혼식 예비 행사로 전락하였고, 단발령斷髮令이 내려진 뒤에는 더욱 그 의의를 상실하여 사라지게 되었다.

요즈음에는 양력 5월 셋째 월요일을 '성년의 날'로 정하여 여러 가지 행사를 하고 있다. 이제는 만 20세가 되는 해의 생일이나 성년의 날에 현대에 맞는 성년례成年禮를 행하여 성년이 된 젊은이들이 성년이 되었음을 확인하고, 성인으로서 합당한 마음가짐과 몸가짐을 가질 것을 다짐하도록 하여야겠다.

혼인례婚姻禮

남녀가 만나 부부가 되는 것을 혼인婚姻이라 한다. 혼婚은 남자가 장가든다는 뜻이고, 인姻은 여자가 시집간다는 뜻이다. 그래서 우리 나라 헌법이나 민법에서도 결혼이라 하지 않고 혼인이라 한다. 혼인은 남녀의 결합을 사회적으로 인정받는 의식으로 일생의례 가운데에서 가장 중요하게 여긴다. 그래서 옛 어른들은 혼인례를 대례大禮 혹은 인륜지대사人倫之大事라고 하였다.

옛날에는 남자와 여자가 짝을 지어 부부가 되는 일은 양陽과 음陰이 만나는 것이므로, 그 의식도 양인 낮과 음인 밤이 만나는 황혼 시간에 거행하였다.

그래서 날 저물 혼昏 자를 써서 혼례昏禮라 하였다.

　우리나라에서는 신라와 고려 초기에 근친혼近親婚이 있었으나, 고려 중기 이후에는 근친간의 혼인을 금하였다. 상류층의 경우, 근친혼을 한 사람의 소생에게는 벼슬을 주지 않는 방법으로 제재를 가하였다. 성姓과 본관本貫이 같은 사람끼리 혼인하지 않는 동성동본불혼同姓同本不婚은 조선 시대에 이르러 시행되었다. 이것은 같은 시조에서 비롯된 후손은 근친이라는 생각에서 나온 것이다. 문화 유씨柳氏와 연안 차씨車氏는 성과 본이 다른데도 혼인하지 않는다. 그것은 문화 유씨의 일파가 사성 사본賜姓賜本에 의해 연안 차씨가 되었기 때문이다. 김해 김씨와 김해 허씨 · 인천 이씨도 서로 혼인하지 않는다. 가야의 시조인 김수로왕이 첫째아들에게 김씨 성을 주고, 둘째아들에게는 아내의 성인 허씨를 주었기 때문에 두 성씨의 시조는 형제가 된다. 그런데 뒤에 김해 허씨의 일파가 사성으로 인천 이씨가 되었다. 그래서 이들 세 성은 서로 혼인하지 않는다.

　동성동본불혼은 현행 호적법에까지 이어져 동성동본끼리는 혼인신고도 할 수 없었다. 그러나 1997년에 동성동본이라 하여 혼인을 금하는 것은 헌법정신에 어긋난다는 헌법재판소의 판결이 있었다. 그래서 친족의 범위를 넘어선 동성동본끼리의 혼인이 법적으로 가능하게 되었다.

　혼인할 때에 중국에서는 주나라 이후에 납채納采 · 문명問名 · 납길納吉 · 납징納徵 · 청기請期 · 친영親迎의 육례六禮 절차를 밟았다. 송나라의 주자朱子는 『가례家禮』에서 육례를 의혼議婚 · 납채納采 · 납폐納幣 · 친영親迎의 사례四禮로 간소화하였다.

　우리나라에서는 고려 시대에 『가례』를 받아들인 후 혼례를 비롯한 관례, 상례, 제례를 이에 따랐다. 그러나 『가례』는 우리의 실정에 맞지 않는 것이 많아서 이를 우리 실정에 맞게 고쳐 적은 예서禮書들이 나오기도 하였다. 그 중 조선 헌종 10(1844)년에 간행된 이재李縡의 『사례편람四禮便覽』이 가장 널리 행하여졌다. 이 책 역시 혼인례를 의혼議婚 · 납채納采 · 납폐納幣 · 친영親迎의 사례로 규정하였다.

혼인하는 것을 흔히 '육례六禮를 갖춘다.'고 말하는데, 이것은 우리의 전통 관습에 의한 혼인 절차가 의혼議婚 · 납채納采 · 납기納期 · 납폐納幣 · 대례大禮 · 우귀于歸의 육례로 되었기 때문이다. 이를 요즈음 행해지고 있는 전통 혼인례의 절차와 관련지어 살펴보면 다음과 같다.

의혼議婚

전에는 중매인에게 혼처를 부탁하고, 양가에서 서로 부모의 성명, 가정의 품의品儀, 생년월일, 외가 · 처가의 가품家品을 문의하였다. 그러고 나서 서로 합당하다고 생각되면, 남자 측의 어른(아버지)이 여자 측의 어른에게 혼인하기를 청하는 청혼서를 보냈다. 남자 측의 청혼서를 받은 여자 측에서는 다른 의사가 없으면 혼인을 승낙하는 허혼서를 보냈다.

요즈음에는 혼인할 당사자가 직장이나 동창 관계로 직접 만났든, 누구의 소개로 만났든 서로의 성격, 학력, 직업, 가문 등을 고려하여 혼인해도 괜찮겠다고 생각하면, 부모님께 말하여 양가 어른들의 허락을 받는다.

납채納采

양가에서 혼인하기로 합의가 된 뒤에는 정혼定婚(約婚)을 하는데, 남자 측에서 신랑 될 사람의 생년월일시를 적은 사주四柱 단자를 여자 측에 보낸다. 이 때, 청색과 홍색의 옷감을 보내는데, 납채한다는 취지의 서신인 납채서納采書를 함께 보내기도 한다. 납채는 정혼(약혼)의 절차이므로, 양가의 가족이 모인 자리에서 주고받기도 한다. 이 때에는 장소 준비를 여자 측에서 한다.

사주단자는 백지를 다섯 칸으로 접어 중앙에 신랑의 이름 및 사주(생년월일시)를 쓴 다음, 봉투에 넣어 청·홍 보자기에 싸서 보내는 것이 보통이다. 네 기둥이란 뜻의 사주四柱는 ①연주年柱, ②월주月柱, ③일주日柱, ④시주時柱를 말한다. 이를 식물과 사람에 비유하면, ①은 뿌리/조상, ②는 싹/부모, ③은 꽃/나, ④는 열매/자녀에 해당한다. 사주를 육십갑자로 적으면 각각 두 자씩 8자가 되므로, '사주팔자四柱八字'라고 하기도 한다.

신랑 될 사람과 신부 될 사람의 사주를 가지고 궁합을 보기도 한다. 궁합은 남녀의 사주를 오행으로 풀어 상극相剋, 상생相生, 상비相比를 따져 말하는 것이다. 그러므로 궁합은 두 사람의 사주 팔자를 모두 알아야만 제대로 볼 수 있다고 한다.

납기納期

여자 측에서 혼인 날짜를 정하여 남자 측에 알리는 절차를 납기라 한다. 택일擇日을 연길涓吉, 또는 '날받이'라고 하기도 한다. 신부 측에서는 신랑 측으로 연길 단자를 보내어 택일 결과를 알린다. 연길 단자는 백지를 다섯 칸, 또는 일곱 칸으로 접어 중앙에 전안 연월일시奠雁年月日時를 쓴 다음, 봉투에 넣어 청·홍 보자기에 싸서 보낸다. 연길 단자에는 납폐일시(예: 納幣 同日先行)를 쓰기도 한다. 연길 단자를 넣은 봉투의 앞면에는 '연길涓吉'이라고 쓴다.

혼인 날짜를 정하는 택일은 혼인 준비의 복잡함이나 생리 현상 등으로 여자 측에서 하는 것이 합리적이다. 그러나 대강의 시기를 양가에서 합의한 뒤에 여자 측에서 택일하는 것이 보통이다. 택일을 할 때, 신랑 신부의 부모가 결혼한 달, 양가에 불길한 일이 있었던 날, 양가 조상의 제삿날 등은 피하는 지역도 있다.

납폐納幣

납폐는 혼약이 성립된 데 대한 감사의 표시로 신랑집에서 신부집으로 예물을 보내는 것이다. 납폐 때에 요즈음에는 가방을 많이 쓰지만, 전에는 예물과 혼서지를 함에 넣어서 보냈기 때문에 지금도 '함보낸다'는 말을 쓰고 있다.

납폐 예물은 신부의 옷감으로 하는데, 이를 채단綵緞이라고 하기도 한다. 채단은 청색·홍색의 비단으로 하는데, 전부터 '많아도 열 가지를 넘지 않고, 적어도 두 가지는 되어야 한다.'고 하였다. 채단의 포장은 청단은 홍색 종이(또는 보자기)로, 홍단은 청색 종이(또는 보자기)로 싸고, 각각 중간을 청홍실로 나비매듭을 한다. 함(요즈음에는 대개 가방을 씀.) 안에 흰 종이를 깔고 청단과 홍단을 넣은 다음, 흰 종이로 덮고, 그 위에 납폐의 종류와 수량을 적은 물목기物目記와 납폐서納幣書(婚書紙라고도 함.)를 넣는다.

납폐서는 붓으로 써서 봉투에 넣는데, 봉투는 봉하지 않고 상·중·하 세 곳에 '근봉謹封'이라 쓴 봉합지를 끼운다. 서식에 적은 내용의 한 예를 번역해서 적으면 다음과 같다.

밀양 박문수 존좌하
김해 김철수 재배
때는 여름이온데, 선생님께서 기력 강령하신지요.
저의 큰아들 길동은 나이가 들었으나 아직 배필이 없더니, 둘째따님 미옥 양을 아내로 허락해 주셨습니다. 이에 옛 예절을 따라 삼가 납폐의 의식을 행합니다. 다 갖추지 못하고 엎드려 굽어 살펴 주시기를 바라오며, 글월을 올립니다.

을해년 5월 15일

전에는 혼서지는 혼인의 유일한 증거로 두 사람이 야합野合한 것이 아니라는 증거가 되며, 죽은 뒤에는 일생 동안 정절을 지켰으며, 처녀 혼령이 아니라는 증거로 관 속에 넣었다고도 한다.

함을 지고 가는 사람을 보통 '함진아비'라고 하는데, 함진아비는 전에는 하인이 하였는데, 요즈음에는 신랑의 친구 중 첫아들을 낳은 기혼자가 하는 것이 보통이다. 신부집에서는 대개 함진아비에게 술과 음식을 대접하고, 수고비를 준다. 함은 전에는 혼인 예식을 하는 날 예식을 하기 전에 가지고 가는 것이 보통이었으나, 요즈음에는 대개 결혼식 전날 밤 또는 1~2주 전 토요일 밤에 친구들이 지고 간다. 신랑 친구들은 신부집에 가서 함을 사라고 하고, 함 값이라 하여 수고비를 받기도 한다. 그런데 함 값을 많이 받기 위해 신부측 사람들과 실랑이를 벌이는 일이 종종 있는데, 이것은 미풍양속이라고 보기 어렵다.

신부집에서는 함이 도착할 시간이 되면, 소반 위에 떡시루를 올려놓고 있다가 도착하면 함을 받아 시루 위에 올려놓는다. 이 떡을 '봉치떡' 또는 '봉채떡'이라고 한다. 신부의 어머니(또는 오복을 두루 갖춘 여인)가 함을 내려놓고, 뚜껑 밑으로 손을 넣어 혼서지를 꺼낸 다음, 천을 잡아 꺼내는데 홍단이 잡히면 첫아들을 낳고, 청단이 잡히면 첫딸을 낳는다고 한다. 그 뒤에는 받은 예물을 여러 사람들에게 보여 준다.

대례大禮

혼인 예식은 대개 신랑이 신부집에 가서 하였으므로, '장가간다'고 하였다. 요즈음에는 전통 혼인 예식을 하기 편리한 곳에 가서 하는 것이 보통이다. 대례는 집례(사회자)가 홀기笏記(의식의 순서)를 읽는 대로 진행한다. 요즈음 행하는 전통 혼인 예식의 절차를 간단히 적어 보면 다음과 같다.

① 전안례奠雁禮

전안례는 신랑이 신부집에 기러기를 드리는 예이다. 신랑이 교배상 옆에 따로 마련한 전안상奠雁床 앞에 무릎을 꿇고 북쪽을 향하여 앉아 상위에 청홍 보자기로 싼 목안木雁(나무 기러기)을 올려놓고 재배하고 나면, 신부의 어머니가 이를 치마폭에 싸가지고 신부 앞에 가볍게 던진다. 이 때, 목안이 바로 서면 첫아들을 낳고, 옆으로 누우면 첫딸을 낳는다고 한다. 이것을 소례小禮라고도 하는데, 이것으로 부부의 맹세가 끝나는 것이다. 부부의 맹세를 기러기를 두고 하는 것은 기러기가 새끼를 많이 낳고, 차례를 잘 지키며, 한 번 짝을 정하면 그 짝을 잃더라도 다시 짝을 구하지 않고 혼자 살다가 죽는 속성을 지닌 새이기 때문에 기러기처럼 살 것을 다짐하는 의미일 것이다.

② 교배례交拜禮

교배례는 신랑 신부가 맞절을 하는 절차이다. 교배상 앞으로 나온 신랑 신부는 집례의 말에 따라 교배상의 동서로 마주 서서 각각 준비된 대야의 물에 손을 씻은 다음, 신부가 재배하면 신랑이 답으로 한 번 절하는 것을 두 번 되풀이한다. 신부가 두 번 절하고, 신랑이 한 번 절하는 것은 음양으로 보아 여성은 음이므로 음의 수인 짝수로 절하고, 남성은 양이므로 양의 수인 홀수로 절하는 것이다.

절에는 큰절·평절·반절이 있는데, 교배례에서는 큰절을 한다. 큰절은 보통 공수배拱手拜로 한다. 공수拱手는 공손한 자세로 앉거나 설 때에 손을 맞잡는 것을 말하는데, 평상시에 남자는 왼손을 위로, 여자는 오른손이 위로 가게 잡는다. 흉사시에는 남자는 오른손이 위로, 여자는 왼손이 위로 가게 잡는다. 큰절은 공수한 손을 눈높이까지 올렸다가 내리며 엎드려서 절을 한다.

교배상에는 지방에 따라 다르나 대개 촛대, 소나무나 대나무·사철나무를 꽂은 화병, 밤, 대추, 쌀, 보자기에 싼 암탉·수탉 등을 올려놓는다. 교배상 위에 올려놓았던 닭은 대례가 끝나고 나면 날려보낸다.

교배상에 닭을 올려놓는 이유는 여러 가지로 말할 수 있겠으나, '수탉 같은 신랑', '암탉 같은 신부'가 되라는 당부의 뜻을 담은 것이라 생각한다. 그 의미를 좀 더 자세히 살펴보면 다음과 같다. 수탉은 첫째 처자를 잘 보호하며 먹이를 구해 주고, 둘째 생활권生活圈과 가족을 지키기 위해 이웃집 수탉과 용감히 싸우며, 셋째 때를 알아 울어 준다. 신랑은 수탉의 이러한 점을 본받아 처자식을 잘 보호하고 먹여 살리며, 생활권과 명예를 지키기 위해서는 용감히 싸울 줄 알고, 세상의 흐름을 잘 알아 바르게 판단하고 행동하라는 뜻일 것이다. 암탉은 수탉의 보호를 받으며 병아리를 잘 기르는데, 신부는 암탉의 이러한 점을 본받아 살림 잘 하고, 자녀를 잘 기르라는 뜻이 담긴 것이라 생각한다.

③ 합근례合巹禮

교배례를 마친 신랑·신부가 그 자리에 무릎을 꿇고 앉으면, 신랑·신부의 옆에서 도와주는 사람侍者은 각각 교배상의 술잔과 과일 접시를 작은 상으로 내려놓은 다음, 술잔에 술을 채운다. 신랑 신부는 이 잔을 빈 그릇에 세 번에 나누어 따르고, 과일 안주를 집어 상위에 놓는다. 이것은 천지신명에 드리는 것이라 하겠다. 시자가 다시 빈 잔에 술을 채우면 신랑과 신부는 그 잔을 각각 다른 시자에게 준다. 그 잔을 신랑측 시자는 신부에게, 신부측 시자는 신랑에게 가져다준다. 신랑이 함께 들자는 뜻으로 신부를 향하여 읍하고(두 손을 마주 잡아 얼굴 높이까지 올렸다 내리고), 잔을 들어 마시면 신부도 따라 마신다.

셋째 잔은 표주박잔을 사용한다. 양측의 시자가 준비된 표주박잔에 술을 따르면, 신랑과 신부는 각각 자기 잔에 손을 대었다가 시자에게 준다. 그러면 그 잔을 둘째 잔과 마찬가지로 신랑측 시자는 신부에게, 신부측 시자는 신랑에게 가져다 준다. 신랑이 신부를 향하여 읍하고 표주박 잔을 들어 마시면, 신부도 따라 마신다. 이것은 지방에 따라 조금씩 다르다. 이것이 합근례인데, 이로써 혼인예식이 모두 끝나는 것이다.

합근례에서 쓰는 표주박잔은 한 쌍으로, 조롱박이나 동근박을 반으로 쪼개서 만든 것이다. 박은 다산多産의 식물로 대지의 생생력生生力 상징으로 보았고, 새의 알과 함께 생명의 근원 상징으로 보아 신성시하기도 하였다. 신라 시조 박혁거세가 알에서 나왔다 하여 박과 음이 같은 박朴을 성으로 한 것은 이러한 사유의 표현이라 하겠다. 하나의 조롱박이나 동근박을 쪼개서 만든 한 쌍의 표주박 잔은 그 짝이 하나밖에 없는 것으로, 이 세상에서 다시 짝을 구할 수 없는 것이다. 그러므로 세상에서 하나밖에 없는 배우자를 아끼고 사랑하며 살라는 뜻이 담겨 있다 하겠다.

신랑 신부가 마시는 술은 민간신앙에서 정화수와 같은 의미를 갖는다. 물은 생명의 근원이 되고, 파괴와 정화의 큰 힘을 지니고 있으므로 신성시된다. 합근례에서 신랑 신부가 예로부터 신성시하여 왔고, 이 세상에서 다시 짝을 구할 수 없는 한 쌍의 표주박 잔에 신성시되는 물(술)을 부어 서로 바꾸어 마시며 백년해로百年偕老를 서약하는 것은 참으로 뜻있는 일이라 하겠다.

교배례와 합근례를 합하여 초례醮禮라고도 한다. 초례가 끝나면 신랑 신부는 각각의 처소로 돌아가 신랑은 신부집에서 마련해 준 옷으로 갈아입고, 신부는 신랑집에서 마련해 준 옷으로 갈아입는데, 이 옷을 '관디벗김'이라 한다.

초례를 마친 신랑과 신부는 한 방에서 몸을 합치는 합궁례合宮禮를 치르게 되는데, 이를 '신방新房' 또는 '첫날밤'이라고 한다. 신랑 신부는 합궁례를 치름으로써 비로소 부부가 되는 것이다. 전에는 '신방 엿보기'가 있었는데, 이것은 나이 어린 신랑이 신부를 사모하는 남자 또는 사귀邪鬼의 해를 입지 않도록 지킨다는 의미를 지니고 있다.

우귀于歸

신부가 신랑을 따라 시댁으로 가서 며느리로서 치르는 절차이다. 신부가 대례를 지낸 그날로 가는 경우도 있고, 사흘 동안 신부집에서 신방을 치르고 가는 경우도 있었는데, 앞의 것을 당일 우귀當日于歸라 하고, 뒤의 것을 삼일 우귀三日于歸라 한다. 지방에 따라서 1주일 우귀, 1개월 우귀, 3개월 우귀, 1년 우귀, 3년 우귀가 있었으나, 삼일 우귀가 가장 많았다. 시댁으로 간 신부는 준비해 간 폐백幣帛을 드리고, 새며느리로서 처음 시부모님을 뵙는 현구고례見舅姑禮를 드린 다음, 시부모 외의 다른 가족·친족과 상면하는 절차를 가졌다. 사당을 모신 집에서는 사당 참례를 먼저 하고 현구고례를 드리기도 하고, 구고례를 마친 뒤에 사당 참례를 하기도 한다. 요즈음에는 혼인 예식을 마친 신랑 신부가 예식장에서 폐백을 드리고, 신혼여행을 떠나는 경우가 많다.

폐백幣帛은 새며느리가 시부모를 처음 뵙는 현구고례 때 올리는 예물을 뜻하는 말인데, 요즈음에는 현구고례를 '폐백'이라고 하기도 한다. 신부는 준비해 간 대추·밤·안주를 상 위에 올려놓고, 시부모가 상 앞에 남향하여 나란히 앉으면, 술을 따라 올린 뒤에 큰절을 한다. 절은 신부만 하는 지방도 있고, 신랑과 함께 절하는 지방도 있다. 절하는 횟수도 재배再拜하는 지방이 있는가 하면, 사배四拜하는 지방도 있다. 새며느리한테 절을 받은 시부모는 치마에 대추를 던져 주면서 부귀다남富貴多男하라고 당부한다. 시조부모가 계신 경우, 시조부모께 먼저 절을 올리기도 하고, 혼주婚主인 시부모께 먼저 절한 뒤에 시조부모께 절하기도 한다. 시부모께 절한 뒤에는 윗세대 어른께 큰절을 한다. 같은 세대의 아랫사람에게는 평절로 맞절을 한다. 아랫대 사람들은 신부를 향해서 절을 하고, 신부는 선 채로 허리를 굽혀 답례한다.

폐백으로 드리는 대추는 붉은 색으로 '동쪽', '자손 창성'의 뜻을 지닌다.

밤粟은 서西와 나무木가 합해진 글자로, '서쪽·어두움·두려움懐'을 뜻한다 하겠다. 따라서 새며느리가 현구고례에서 대추와 밤을 드리는 것은 '아침 일 찍부터 두려운 마음으로 공경해 모시겠습니다.'는 다짐을 나타내는 것이라 하겠다. 시부모가 새며느리에게 대추를 던져 주는 것은 자손 창성昌盛을 바라는 마음의 표시라 하겠다.

신부는 현구고례 때 시부모와 시댁 가족과 친족에게 줄 옷감이나 간단한 예물을 내놓는다. 신부는 현구고례 즉 폐백을 통하여 신랑 집안의 새로운 구성원이 되었음을 조상과 가족, 친척, 그리고 이웃에 알리는 것이다.

환갑還甲·회혼례回婚禮

환갑還甲은 사람이 태어나서 60년만에 맞는 생일을 말하는데, 회갑回甲이라고도 한다. 그러므로 환갑은 우리 나라 사람들이 나이를 세는 법으로 61세 되는 해에 맞는 생일이다. 우리 나라에서는 환갑을 크게 기쁜 날로 여겨 큰 잔치를 베풀어 경하慶賀하고, 경하를 받는다. 환갑잔치는 자녀들의 부모에 대한 효성의 표시로 하는 것이다. 이것은 일본, 중국에서도 같다.

사람은 환갑을 기점으로 노인이 되고, 할아버지가 된다. 노쇠 현상이 나타나는 정도나 할아버지가 되고 안 되는 것은 개인에 따라 다르지만, 사람들은 환갑을 통하여 사회적으로 노인이 되고, 할아버지가 되었음을 공인 받는 것이다.

환갑에는 환갑상을 받는 것이 보통인데, 환갑상은 교자상에 밤, 대추, 곶감, 과자, 강정, 다식, 약과, 떡 등과 여러 가지 음식을 차려 놓는다. 환갑상 앞에는 술과 술잔이 놓인 작은 상을 놓는다. 환갑을 맞는 어른 부부가 상 앞에 앉으면, 맨 먼저 큰아들 내외가 술잔을 올리고 큰절을 하는데, 이를 헌수獻壽라고 한다. 그 다음에는 자손들이 연령 순, 항렬 순으로 각각 헌수한다. 직계 가족의 헌수가 끝나면, 친족들이 연령 순·항렬 순으로 헌수하고, 다른 성姓 사람들도 차례에 따라 헌수한다. 환갑을 맞는 사람의 형제자매 부부는 본인의 좌우에 배석하여 헌수를 받는다. 환갑을 맞는 사람의 부모가 생존해 있을 때에는 환갑을 맞는 사람이 먼저 그 부모께 절을 하고, 헌수를 받는다.

환갑잔치에서 환갑을 맞은 분께 자손들이 술잔을 드리며 만수무강을 기원하는 것은 제례祭禮에서 술을 올리고, 굿을 비롯한 각종 기원 의식祈願儀式에서 정화수를 떠놓는 것과 같은 의미이다. 물(술 포함)은 생명의 근원이 되며, 정화력淨化力과 파괴력을 지니고 있어 예로부터 신성시하였다. 환갑잔치에서 이러한 의미를 지닌 술을 드리는 것은 환갑을 맞는 노인의 건강과 장수를 기원하는 제의적 의미를 더욱 강화하는 것이라 하겠다.

환갑을 맞이한 노인의 자녀들은 자기들의 자손 앞에서 자기 부모에 대한 최상의 경배를 드림으로써 자녀들에게 부모와 조부모에 대한 사랑과 존경을 가르치고, 조상숭배 의식을 일깨우는 효과를 거두기도 한다. 요즈음에는 환갑잔치를 하면 늙어 보인다 하여 이를 회피하는 사례도 있다고 한다. 그러나 회피한다 하여 다시 젊어지는 것도 아닐 것이니, 환갑이 지닌 의미를 생각하면서 나이에 맞는 생각과 행동을 하는 것이 오히려 자연스러우리라 생각한다.

부부 중심의 서양 사회에서는 결혼 기념일에 대한 의식이 강하여 결혼 기념일을 매해 잊지 않고 기념한다고 한다. 특히 결혼 1주년은 지혼식紙婚式이라 하여 기념하고, 5주년은 목혼식木婚式, 15주년은 동혼식銅婚式 또는 수정혼식, 25주년은 은혼식銀婚式, 30주년은 진주혼식眞珠婚式, 35주년은 산호혼식珊瑚婚式, 40주년은 녹옥혼식綠玉婚式, 45주년은 홍옥혼식紅玉婚式, 50주년은 금혼식金婚式, 60주년은 금강혼식金剛婚式(영국은 60주년, 미국은 75주년)이라고 하여 특별히 기념한다고 한다.

한국에서는 예로부터 결혼 기념일을 중시하지 않았다. 그러나 결혼 60주년의 회혼례回婚禮만은 성대히 거행한다. 회혼례는 결혼 60주년을 맞는 노부모께 자녀들이 신혼 때와 똑같은 혼인 예식을 베풀어 드리는 것으로, 자손들과 일가친척, 이웃과 친지들의 축복 속에서 행하여진다.

상장례喪葬禮

상장례喪葬禮는 사람의 죽음을 맞아, 주검屍을 절차에 맞게 처리하고, 근친들이 슬픔으로 근신하는 기간의 의식 절차를 정한 예절이다. 상장례는 한국인의 생사관生死觀을 바탕으로 하여 형성되었다.

상장례喪葬禮의 절차

일반적인 상장례의 절차를 크게 4단계로 나누어 적어 보면 다음과 같다.

① 초종初終

* **임종臨終** : 부모의 병이 위독하여 운명할 기미가 보이면, 임종할 방으로 모시고 집 안팎을 조용하게 하고, 부모의 손을 잡고 숨을 거두는 것을 지켜보는데, 이를 임종이라고 한다. 우리 나라에서는 임종을 못 보는 것을 큰 불효로 여긴다.

임종할 방으로 모신 부모는 동쪽으로 머리를 두게 하고, 새 옷으로 갈아 입힌다. 혹 유언이 있으면, 이를 머리맡에 앉아 받아 적는다. 마지막 숨이 단절

되는 것을 분명히 알기 위해 솜을 입 위에 놓고 숨이 그치는 것을 지켜보기도 하는데, 이를 속광屬纊이라고 한다.

사망이 확인되면, 모여 앉았던 자손들이 애곡벽용哀哭擗踊(소리를 질러 비통하게 곡을 하고 가슴을 치며 발을 구름.)한다.

* **초혼**招魂 : 임종 직후에는 밖에 나가서 떠나는 영혼을 부르는 초혼을 한다. 『예서禮書』에는 "죽은 사람의 웃옷을 가지고 지붕에 올라가서 왼손으로 옷깃을, 오른손으로 허리를 잡고 북쪽을 향해 흔들면서, 남자는 관직명이나 자字를, 여자는 이름을 부른다."는 말이 있다. 그런데 요즈음에는 죽은 사람의 와이셔츠나 속적삼을 들고 마당에 서서 지붕을 보고, "서울특별시 ○○구 ○○동 ○○○번지 ○○○(亡人의 이름) 복 복 복!" 하고 부른다. 그 옷은 지붕 위에 얹어 두었다가 나중에 내려서 시체의 가슴 위에 얹는다. 이를 초혼 또는 고복皐復이라고 한다.

육체를 벗어나 떠나가는 영혼을 불러 재생시키려는 초혼 의례는 영육분리의 이원적 사고를 바탕으로 한 것이다. 떠나는 영혼을 붙잡기 위하여는 그 영혼과 일생을 같이 한 육신이 나가서 불러야 하겠지만, 그럴 수는 없으므로 그 사람이 입었던 옷, 그 중에서도 가슴에 직접 닿았던 속적삼을 들고서 가지 말라고 부른다. 이것은 망인亡人의 몸에 닿았던 옷은 일정 기간 망인과 영적 관계를 유지하고 있다고 믿는 감염주술感染呪術 심리에서 나온 것이다.

* **사자상**使者床 : 육신을 벗어난 영혼은 저승 사자의 호송을 받아 저승으로 간다고 한다. 그래서 망인의 영혼을 저승까지 데리고 갈 저승 사자에게 인정을 쓰는 뜻에서 사자상을 차려 후히 대접한다. 사자상은 저승 사자가 세 명이라는 생각에서 밥 세 그릇과 반찬, 돈, 짚신 세 켤레 등을 멍석이나 푼주 위에

올려놓기도 하고, 상위에 올려놓기도 한다. 이 때, 상주들은 재배하고 곡을 한다. 사자상은 『예서』에 없는 일이라 하여 하지 않는 집도 있었으나, 하는 집이 더 많았다. 요즈음에도 상장례를 교회식으로 하지 않는 집에서는 대개 하고 있다.

* **수시**收屍(또는 小殮) : 시신이 굳기 전에 반듯이 놓고 간단하게 묶어 놓는데, 이를 수시 또는 소렴이라 한다. 수시는 나무토막 또는 베개처럼 묶은 짚 뭉치 세 개 위에 칠성판을 놓은 다음, 그 위에 시체를 올려놓고 두 손을 배 위로 모아 흉사凶事 때에 공수拱手하는 것처럼 포개고, 허리까지 묶는다. 그리고 다리를 곧게 하여 엄지발가락을 끈 또는 붕대나 백지로 매고, 시체의 몇 곳을 묶는다. 그런 다음에 홑이불을 덮고, 그 앞에 병풍을 쳐 놓는다.

* **시사전**始死奠 : 병풍 앞에 상을 놓고, 혼백을 만들어 놓는다. 혼백은 백지를 접어 5색실로 묶어 상자에 넣어 만들었으나, 요즈음에는 망인의 사진으로 대신한다. 혼백이나 사진 앞에는 주과포혜酒果脯醯를 차려 놓고, 향불을 피운다.

* **부고**訃告 : 친족들은 일을 분담하여 장례 준비를 하는 한편, 상사喪事를 여러 사람에게 알린다. 가까운 친척에게는 직접 사람을 보내 알리고, 멀리 있는 친척이나 친구에게는 부고장을 보냈다. 요즈음에는 전화나 전보를 이용하여 알리고, 신문에 게재하여 알리기도 한다.

② **습렴**襲殮

습襲은 시체를 목욕시키고 의복을 갈아 입히는 것이고, 소렴小殮은 시체를 임시로 묶는 것이고, 대렴大殮은 시체를 단단히 묶고 관에 넣는 것이다. 전에는 운명한 날에 습하고, 그 다음날에 소렴, 그 다음날에 대렴을 하기도 하였으나, 요즈음에는 이를 한 번에 하는데, 이를 '습렴한다' 또는 약하여 '염한다'고 한다.

먼저 미지근한 물에 향나무를 깎아 넣은 향수를 솜에다 찍어서 시체를 씻긴다. 전에는 향수로 전신을 씻겼으나, 근래에는 알코올로 얼굴 · 손등 · 발등을 문지르는 정도로 그친다. 그리고 머리를 빗기고, 손톱 · 발톱을 깎는다. 빠진 머리카락과 손톱 · 발톱은 베헝겊으로 만든 작은 주머니인 조발낭爪髮囊에 넣는다. 조발낭은 대개 5개를 만드는데, 1개에는 머리카락을, 나머지 4개에는 좌우 손가락의 손톱과 발가락의 발톱을 각각 1개씩 넣어 습의襲衣 소매나 버선 등에 넣거나 관 귀퉁이에 넣는다. 그 다음에 수의를 입힌다.

습이 끝나면 반함飯含이라 하여 물에 불린 쌀을 버드나무 수저로 세 번 입에 떠 넣는다. 쌀을 넣을 때에는 오른쪽과 왼쪽, 그리고 가운데에 모두 세 번을 넣는데, 첫 번 숟가락을 넣으면서 '백 석이요.' 하고, 그 다음에는 '천 석이요.', '만 석이요.' 한다. 다음에는 동전이나 주옥珠玉을 입에 물리기도 한다.

반함에 이어 교포絞布(시체를 묶는 베)로 시체를 묶는다. 묶을 때에는 세로를 묶은 위에 가로를 묶는다. 가로의 매수는 시체의 크기에 따라 5매 또는 7매로 묶는데, 매듭을 짓지 않고 틀어서 끼운다.

그 다음에 입관入棺을 한다. 어깨나 허리 · 다리 등이 있는 빈 곳은 짚이나 종이 또는 헌 옷으로 채우는데, 이를 보공補空이라 한다. 보공하여 시체가 흔들리지 않게 한 뒤, 그 위에 다른 홑이불인 천금天衾을 덮고 관 뚜껑을 덮은 다음, 나무못을 친다. 그리고 짚과 종이를 섞어서 외로 꼰 밧줄로 결관結棺한다.

죽은 이를 관에 넣은 다음, 그 관이 누구의 관인가를 나타내는 명정銘旌을 쓴다. 명정은 2m 정도로 자른 빨간 천 온 폭에 흰 분가루를 접착제에 개어 붓으로 쓰는데, 서식은 다음과 같다.

입관이 끝나면 복인服人들은 상복을 입고, 성복제成服祭를 지낸다. 그리고 정식으로 조객을 맞이한다. 기독교식으로 하는 가정에서는 입관 예배를 드린다.

③ 치장治葬

주검(시신)을 처리하는 방법에는 시신을 땅 위에 버리는 풍장風葬, 땅 속에 묻거나 돌 등으로 덮는 매장埋葬, 불에 태우는 화장火葬, 물 속에 버리는 수장水葬 등의 방법이 있다. 그러나 우리 나라에서는 대개 매장을 하고, 일부에서 화장을 하고 있다. 여기서는 가장 많이 행해지고 있는 매장을 중심으로 간단히 살펴보려고 한다.

전에는 장기葬期와 장일葬日이 사회 계층에 따라 달랐으나, 요즈음에는 3일장(또는 5일장)이 일반적이다.

장일葬日이 되면 장지葬地를 선정하여 매장한다. 장지 선정은 대개 지관地官에게 부탁하고, 지관은 풍수설風水說에 맞추어 좋은 자리를 고른다. 풍수설에 따르면, 우주 만물을 주관하는 생기生氣가 지맥地脈을 따라 흐르다가 멈추는 곳이 좋은 자리 즉 명당明堂인데, 그 곳에 죽은 사람을 매장하면, 생기가 망인의 뼈에 작용하여 자손이 발복發福한다고 한다.

장지가 선정되면 산역山役을 하는데, 일을 시작하기 전에 장지 위쪽에서 북쪽을 향해 제물을 차리고 산신제를 지낸다. 산역은 먼저 묘역墓域 주변을 표시하고, 그 중앙에 외광外壙과 내광內壙을 판다. 외광은 너비 2m에 길이 3m 정도, 깊이 1m 이상을 판다. 내광은 외광의 중앙에 너비 50cm에 길이는 망인의 키보다 20cm 정도 길게, 깊이는 50cm 정도 파고 곱게 다듬는다.

집에서 장지로 떠나기에 앞서 발인제發靷祭를 지낸다. 기독교식으로 하는 가정에서는 발인 예배를 드린다. 지방에 따라 행상 도중에 상여(또는 영구차)를 세워 놓고 노전제路奠祭를 지내기도 한다.

장지에 도착하면 하관下棺 시간에 맞춰 시신을 광내壙內에 모신다. 명정을 걸고, 관묶음을 풀고, 관까지 매장할 때에는 들 끈으로 관을 들고, 관을 벗길 때에는 뚜껑을 열고 시신만을 들 끈으로 들어 내광에 반듯하게 모신다. 광중 안의 빈 곳을 흙으로 채우고, 횡대橫帶로 덮는다. 주상主喪이 시신의 가슴 부위에 청색 폐백을, 다리 부위에 홍색 폐백을 횡대를 들고 얹는다. 그 다음 고운 흙으로 외광을 채우고, 시신의 발치에 지석誌石을 놓고 흙으로 덮는다. 기독교식으로 하는 가정에서는 하관 예배를 드린다.

광내가 메워지면 평토제平土祭를 지낸다. 지방에 따라서는 봉분을 만든 뒤 평토제를 지내기도 한다. 평토제를 지내고 나서 상주는 혼백을 모시고 집으로 돌아온다.

④ 흉제凶祭

치장이 끝난 뒤 길제吉祭까지의 제사를 흉제라고 한다. 시체를 매장하고, 신주神主나 혼백만을 모시고 지내는 첫제사로 반혼제返魂祭를 지내는데, 초우제初虞祭를 겸하기도 한다. 우제虞祭는 시체를 보내고 영혼을 맞이하여 지내는 제사인데, 초우제初虞祭, 재우제再虞祭, 삼우제三虞祭가 있다. 초우제는 장일에 집에 돌아와 지내는 제사인데, 전에는 장지가 멀어서 당일 영좌靈座가 집에 돌아오지 못하면 주막에서라도 지냈다. 재우제는 초우제를 지낸 뒤 처음 맞는 유일柔日(일진에 乙·丁·己·辛·癸가 드는 날)에 지낸다. 삼우제는 재우제 뒤의 첫 강일剛日(일진에 甲·丙·戊·庚·壬이 드는 날)에 지낸다.

초상 후 3개월이 지난 다음에 맞는 강일을 택하여 아침에 졸곡제卒哭祭를 지낸다. 초상 1주년이 되는 날 올리는 제사를 소상小喪이라 한다. 2주년이 되는 날을 대상大祥이라 하여 제사를 지내고, 탈상脫喪한다. 대상 후 100일 되는 정일丁日이나 해일亥日에 조상의 신주를 고쳐 쓰고 제사를 지내는데, 이를 길제吉祭라 한다.

오늘날에는 상장례도 많이 변하여 그 절차, 복식, 제사 방식 등이 간소화되고, 상기喪期도 단축되었다.

제례祭禮

제례에 관하여는 주자의 『가례家禮』 이후에도 『사례편람四禮便覽』 등의 여러 가례 책에 적혀 있으나, 요즈음에는 많이 변화되었다.

기제忌祭

기제忌祭는 1년에 한 번씩 돌아가신 날에 지내는 제사이다. 기제는 4대봉사四代奉祀라 하여 부모에서 고조부모까지 지내는데, 지방紙榜을 써서 붙이고, 제물을 진설한 뒤에 지낸다.

① 지방紙榜과 축문祝文

* **지방紙榜** : 지방을 쓸 때에는 남자 조상과 그 아내인 여자 조상을 함께 쓰는데, 임시로 만드는 위패이기 때문에 '신주神主'라 하지 않고 '신위神位'라고 쓴다. 지방 쓰는 차례는 남자 조상을 서쪽(보아서 왼쪽)에 쓰고, 부인인 여자 조상은 그 남편인 남자 조상의 동쪽(보아서 오른쪽)에 쓴다.

전에는 지방을 한자로 썼으나, 요즈음에는 한글로 쓰기도 한다. 그 서식을 보이면 다음과 같다.

③의 '고考'는 아버지이고, ①의 '비妣'는 어머니이다. 조부모는 '조고祖

考・조비祖妣'이고, 증조부모는 '증조고曾祖考・증조비曾祖妣', 고조부모는 '고조고高祖考・고조비高祖妣'이다. 아내는 '현顯'을 쓰지 않고 '망실亡室' 또는 '고실故室'이라 쓴다.

④는 돌아가신 분의 직급과 직명을 '홍성군수洪城郡守'와 같이 사실대로 쓴다. 만일 없으면 위 예문에 쓴 것처럼 '學生'이라 쓴다. 여자 조상의 경우, ②는 남편의 신위에 벼슬(직급・직명)을 쓸 때에는 '부인夫人'이라 쓰고, 없으면 '유인孺人'이라 쓴다. 여자 조상 자신의 직명・직급이 있을 때에는 사실대로 쓴다.

⑤의 '부군府君'은 남자 조상의 경우이고, 여자 조상이나 아내는 본관과 성씨를 쓴다.

⑥의 '효자孝子'는 큰아들이 제사를 받드는 경우이고, 작은아들이면 '자子', 큰손자면 '효손孝孫', 큰 증손자면 '효증손孝曾孫', 큰 현손자면 '효현손孝玄孫'이라고 쓴다. 이를 쓰지 않는 사람도 많이 있다.

지방을 한글로 쓸 경우에는 한문 서식에 준하여 쓴다.

* **축문**祝文 : 축문은 백색 한지에 붓으로 쓰는데, 위에서 아래로 내려쓴다(縱書). 축문의 서식을 한글로 적어 보면 다음과 같다.

　　이제

　　○○년 ○월 ○일에 큰아들○○는 아버님 ○○○○ 어른과 어머님 ○○○○ 앞에 감히 밝혀 아뢰나이다.

　　세월이 바뀌어 아버님 께서 돌아가신 날이 다시 돌아오니, 세월이 흐를수록 아버님 생각이 하늘과 같아 끝이 간 데를 모르겠습니다.

　　삼가 맑은 술과 갖은 음식을 공경하는 마음으로 받들어 올리오니 두루 흠향하시옵소서.

② **제사의 절차**

제사의 순서는 가문에 따라 조금씩 다르나, 대체적으로 다음과 같다.

* **강신**降神 : 신위를 모신 제상의 좌우에 집사를 세우고, 제주祭主(장자·장손 또는 후계 자손 중 최연장자)가 향안 앞에 북향해 꿇어 앉아 향을 피운다. 좌집사가 제주에게 잔을 주면 우집사는 술을 따른다. 제주는 잔을 들어 향로 위를 세 번 돌린 뒤에 술을 모사茅沙에 세 번에 나누어 붓는다. 제주는 잔을 집사에게 주어 원래의 위치에 놓게 하고, 뒤로 한 발 물러나서 읍하고, 재배한 뒤에 제자리로 물러선다.

* **참신**參神 : 제주 이하 모든 참례자가 조상을 뵙는 절차로, 모두 큰절을 한다. 제주 이하 남자는 두 번 절하고, 주부(제주의 아내) 이하 여자는 네 번 절하기도 한다.

* **초헌**初獻 : 제주가 첫 번째 술을 올리는 절차이다. 제주가 제상 앞에 꿇어 앉으면, 좌집사가 제주에게 잔을 주고, 우집사가 술을 따른다. 제주는 오른손으로 잔을 들어 모사에 술을 조금 부은 다음, 잔을 좌집사에게 준다. 좌집사는 잔을 메와 국 사이에 놓는다. 제주는 일어나서 두 번 절한다.

* **독축**讀祝 : 초헌이 끝나면 제주를 비롯한 참례자가 모두 꿇어앉고, 축관祝官이 제주 곁에서 축문을 읽는다.

* **아헌**亞獻 : 수부가 두 번째 잔을 올리는 절차이다. 이 때 집사는 여자가 된다. 부득이 주부가 아헌을 못할 때에는 제주 다음 차례의 사람이 한다.

* **종헌**終獻 : 참례자 중 아헌을 한 사람의 다음가는 근친자나 특별한 사유가 있는 사람이 세 번째 잔을 올리는 순서이다.

 * **유식**侑食 : 조상에게 많이 흠향하시기를 권하는 절차이다. 제주는 주전자를 들고 축난 술잔을 가득 채우는데, 이를 첨작添酌이라 한다. 그 다음에 숟가락 앞이 동쪽으로 가도록 메에 꽂고, 젓가락을 가지런히 골라 시접 위에 손잡이가 서쪽이 되게 걸친다.

 * **합문**闔門 : 조상이 마음놓고 잡수시도록 자리를 비우는 절차이다. 제주 이하 모든 사람이 밖으로 나가서 문을 닫고 7~8분간(九食頃, 아홉 숟가락 먹는 시간) 공손히 서 있는다.

 * **계문**啓門 : 독축자가 문 앞에서 '어흠 어흠 어흠' 하고 인기척을 낸 뒤에 문을 열고 들어간다.

 * **헌다**獻茶 : 국을 물리고 물(숭늉 혹은 냉수)을 올리는 절차이다. 메를 숟가락으로 조금씩 떠서 물에 말고, 숟가락을 물그릇에 반듯이 놓는다.

 * **낙시저**落匙箸 : 물그릇에서 수저를 거두고, 메그릇 뚜껑을 덮는다.

 * **사신**辭神 : 참례자가 모두 절한다. 참신 때와 같이 남자는 재배, 여자는 4배를 하기도 한다. 지방과 축문을 태워 재를 향로에 담는다.

 * **철상**撤床 : 제상 위의 제수를 내린다.

* **음복飮福** : 참례한 자손들이 제수를 나누어 먹으며 조상의 음덕을 기린다.

제수祭需를 진설할 때에 과실은 홍동백서紅東白西(붉은 색 과일은 동쪽에, 흰색 과일은 서쪽에), 어물魚物은 두동미서頭東尾西(생선의 머리는 동쪽으로, 꼬리는 서쪽으로)의 형식에 따른다. 그 외의 제수는 어동육서魚東肉西(생선은 동쪽에, 육류는 서쪽에), 좌포우해左脯右醢 · 혜醯(포는 왼쪽에, 생선젓과 식혜는 오른쪽에)의 형식을 따져 진설한다.

차례茶禮

차례는 각 명절의 아침에 고조 이하의 직계 조상들께 직계 자손들이 모여서 지내는 제사이다. 차례는 설과 매달 초하루와 보름, 한식 · 단오 · 칠석 · 추석 · 중구 · 동지 등 각종 명절에 지냈으나, 요즈음에는 대개 설과 추석에 지낸다. 한식과 추석에는 성묘를 하는데, 한식은 겨우내 얼었던 땅이 녹으면서 봉분이 상하지 않았는가를, 추석에는 장마 뒤에 묘가 훼손되지 않았는가를 살피기 위한 것이다.

우리나라에 차가 들어온 것은 신라 때부터이므로, 이 때부터 조상께 차를 올리는 차례가 생기지 않았나 생각한다. 중국에서는 매달 보름에 술을 쓰지 않고 차를 올리고 사당 참배를 하였으므로, 이 풍습이 신라에 들어와 차를 올리는 차례 풍속이 생겼을 수도 있다. 그러나 요즈음에는 차례에서 차를 올리지 않는다. 그러고 보면, 명절에 다소 간략하게 지내는 제례를 차례라고 말해 온 듯하다.

묘사墓祀

5대 이상의 전 조상의 묘에 연 1회(대개 10월) 동족 후손들이 모여서 제사를 지내는데, 이를 시제時祭 또는 시향時享이라고 한다. 시제 때에는 종손이 여러 조상의 묘를 일일이 돌면서 초헌을 하기도 하고, 지파별로 나누어 역할을 분담하고 일제히 지내기도 한다.

지금까지 기제사, 차례, 묘사 등의 제례에 관하여 살펴보았다. 이러한 제례는 동족들이 모여서 조상을 중심으로 혈연을 굳히고, 상하의 순서를 밝히며, 그 가문의 체통을 지키고, 상호부조相互扶助의 정을 다지는 자리가 되기도 한다.

일생의례의 변화

산업화, 도시화 등 생활환경의 변화 따라 일생의례에도 많은 변모가 일어나고 있다. 그 양상과 원인, 의미에 대해 살펴보면 다음과 같다.

출생의례의 경우, 혼인 후 오래도록 자녀가 없으면, 기자치성을 드리거나 주술적인 방법을 동원하는 대신 먼저 병원을 찾아가 부부의 건강 상태를 확인하고, 임신되지 않는 이유를 알아본 뒤에 해결방법을 모색하고 있다. 그것으로 해결되지 않을 때만 각자의 신앙과 종교의 방법으로 기도를 한다든지 노력을 한다.

임신부의 금기사항은 주술성이 강한 것을 제외하고는 지금도 많이 지켜지고 있다. 출산 직후에 금줄을 다는 집은 많지 않으나, 3주 동안 산모의 건강 회복에 주력하고, 이웃이나 친척들의 출입을 삼가는 일은 지금도 지속되고 있다. 백일잔치나 돌잔치는 여전히 행해지고 있는데, 음식점에서 치르는 가정이 늘어나면서 돌잡이의 의미도 약화되고 있다. 사대부 가정의 돌잡이 전통 가운데, 천자문을 여러 사람이 돌려가면서 한 글자씩 적어서 기념으로 준 관례가 있는바, 오늘날에도 재활용해 볼 가치가 있다고 생각한다. 가족들이 그 아이에게 바라는 바를 짤막한 글로 적어서 준다면, 그리고 그것을 표구해서 걸어둔다면, 아이가 자라면서 어른들의 축복과 기대를 생각하며 산다면 더 보람 있는 삶을 엮어나가리라고 생각한다.

성년식의 경우, 양력 5월 셋째 월요일을 '성년의 날'로 정하여 여러 가지 행사를 하고 있으나, 큰 호응은 얻지 못하고 있다. 하지만 미성년을 벗어나 성년이 된 젊은이들이 성인으로서 합당한 마음가짐과 몸가짐을 가질 수 있도록 일깨우며 축복하는 일을 필요하므로, 현대에 맞는 성년의례를 개발할 필요가 있다고 본다.

혼인례의 경우, 의혼議婚 단계에서 중매자의 역할이 크게 축소되었고, 청혼서와 허혼서를 주고받는 일 없이 양가의 부모가 직접 만나서 자녀의 혼인을 허락하고 절차를 협의한다. 납채納采는 약혼식이란 이름으로 널리 행해지고 있다. 혼인할 날짜를 잡는 일은 양가에서 협의하여 정하는데, 연길단자涓吉單子를 보내는 일은 생략하는 것이 보통이다. 납폐는 '함 보낸다'고 하여 지금도 널리 행해지고 있다. 함을 가지고 가면, 신부집에서는 함진아비에게 술과 음식을 대접하고, 약간의 수고비를 주면 그만이었는데, 요즘에는 함값을 많이많이 받기 위해 신부측 사람들과 실랑이를 벌이곤 하는데 지나친 것은 바람직하지 않다.

혼인 예식은 전통 혼인 예식을 하는 사람도 있으나, 대개는 예식장에서 신혼 예식을 한다. 신혼 예식은 주례자를 모시고, 사회자의 진행에 따라 양가 모친의 촛불 점화에 이어(객석에서 볼 때 남左 여右, 남青 여紅 : 음은 양, 양은 음을 그리위함의 상징), 신랑 · 신부 입장(父左 女右), 신랑 · 신부 맞절, 혼인 서약, 성혼 선언문 낭독, 주례사, 신랑 · 신부 내빈께 인사, 신랑 신부 행진의 순으로 진행하는 것이 보통이다. 기독교식이나 불교식으로 하는 경우에는 위의 절차를 기본으로 하되, 종교 의식이 가미된다. 요즘에는 신랑신부 공동입장도 늘고 있으며, 주례사 대신 양가 부모의 말씀으로 대체하는 등 새로운 양상도 나타나고 있다. 하기야 전통혼례에서는 사회자만 있을 뿐 주례자는 없었다. 기독교식 혼인식이 들어오면서 주례자를 모시게 된 것으로 보인다. 그러므로 반드시 주례자가 있어야만 혼인식이 성립되는 것으로 생각할 필요는 없다고 할 수 있고, 그런 의미에서, 비기독교인의 경우, 적절한 인물이 없는데도, 예식장에 상근하는 이른바 전업 주례사까지 일당을 주고 사서 예식을 진행하는 것은 재고할 필요가 있다고 본다. 그럴 바에는 차라리 양가 부모의 말씀을 듣거나 다른 것으로 대체하는 게 나을지도 모른다.

시댁으로 간 신부가 준비해 간 예물 즉 폐백幣帛을 드리고, 새며느리로서 시부모님을 처음 뵙는 현구고례見舅姑禮는 지금도 행해지고 있다. 요즈음에는 이를 흔히 폐백이라고 하는데, 혼인 예식을 마친 뒤에 예식장의 폐백실에서 드리고, 신혼여행을 가는 것이 보통이다. 현구고례에서 드리는 폐백은 술과 안주 외에 정성이 깃들인 예물이면 된다. 그런데 일부에서는 분에 넘치는 예물이나 현금이 오가는 일도 있다고 한다. 이것은 우리의 미풍양속이라고 하기 어렵다. 폐백은 신부가 신랑 가족에게 행하는 의식이므로, 신부 가족은 출입을 금하는 것이 원칙이다.

신혼 여행에서 돌아올 때 처가부터 들리는 게 전통으로 지켜지고 있는데, 이는 과거에 여자집에서 혼례를 치르고 거기서 일정한 기간 살다가 비로소 남자 집으로 들어갔던 관습이 잔존한 형태로 해석된다. 신부 마을에서 행해지던 동상례(신랑다루기)는 이제 거의 행해지지 않고 있는 실정이나, 그 대신 혼인식 도중에 혹은 피로연披露宴에서 신랑신부 친구들이 신랑신부를 골탕먹이는 것으로 변형되어 이어지고 있다. 일정한 구호를 외치게 한다든가(예컨대 신랑이 "내 아이를 나도" 하면, "응애"로 신부가 대답하게 함), 키스를 시키는 등 다양하다. 하지만 원래의 동상례는 입사식의 하나로서, 처가 집단에 편입되는 데 따르는 통과의례적 의미를 지녔던 것인 데 비해, 피로연상의 신랑신부 골탕먹이기는, 그런 통과의례적 의미는 퇴색되고 유희적인 성격이 강화되어 있는 듯하여 안타깝다. 더구나 골탕먹이는 집단이 이질적인 집단도 아니고 늘 대하던 친구들이라는 점에서도 다르다. 하지만 그 기능은 많이 달라졌으나, 현재의 신랑신부 골탕먹이기가 예전의 동상례 전통에 뿌리를 두고 있는 것만은 분명하다 하겠고, 전통의 영향력을 다시 한번 실감하게 한다. 전통은 무의식적으로도 전해지는 것이다.

환갑의 경우, 요즈음에는 회갑연을 아주 간소하게 하는 사람, 회갑연을 음식점에 가서 하는 사람도 있고, 회갑연을 생략하고 여행을 가거나 그 비용을 불우한 사람을 돕는 일에 쓰는 사람 등 다양하다. 이처럼 회갑연은 각자의 형편에 따라, 당사자의 취향과 가치관에 따라 다양하게 행해지고 있다. 회혼례의 경우, 최근에는 혼인하는 연령이 높아짐에 따라 회혼례를 맞는 부부가 그리 많지 않은 실정이다. 그러나 회혼을 맞는 부부도 종종 보이는데, 회혼례는 당사자의 건강과 자녀들의 생활 형편에 맞게 기념하고 있다. 자녀중에서 먼저 세상을 떠난 경우에는 회혼례를 행하지 않는 전통은 지금도 이어지고 있다.

상장례의 절차, 상복의 종류와 모양, 제사의 방식 등은 전에 비해 많이 간소해지고, 장기葬期도 대부분 3일장으로 단축되었다. 집에 상청喪廳을 모시고 아침 저녁으로 상식을 올리고 매월 초하루와 보름에 제사를 지내던 일, 소상·대상에 이웃이나 친지들이 조의를 표하던 일은 거의 행해지지 않는다.

제례祭禮도 아주 간소해졌다. 기제사의 경우, 제수를 가정 형편에 맞게 차리고, 자정 이후에 지내던 것을 초저녁에 지내는 가정이 늘고 있고, 축문이나 지방도 국문으로 바꾸는 가정이 늘어가고 있다. 명절에 드리는 차례의 경우, 전에는 설·한식·단오·칠석·중구·동지 등 각종 명절에 지냈으나, 요즈음에는 대개 설과 추석에만 지낸다. 묘사墓祀는 도시 생활의 분주함 때문에 젊은이들의 참석률은 저조한 편이다. 그러다 보니 과거에는 선영에 묘를 쓰려고 고집했으나, 거주지 가까운 곳에 묘를 쓰는 경향도 늘고 있다. 멀어서 자주 못 찾아갈 바에는 근거리에 묘역을 마련해 자주 찾아가 돌보는 것이 더 나을지도 모른다.

국문 축문의 예를 하나 소개하면 이렇다.

> "서기 1994년 4월 7일 효자 문학사 길동은 삼가 높으신 아버님 동북 면장 어른과 높으신 어머님 문화 류씨께 말씀드립니다. 세월이 흐르고 바뀌어 아버님의 기일이 돌아오니, 옛일을 생각하고 은혜에 감동됨이 높은 하늘과 같이 끝이 없습니다. 삼가 맑은 술과 여러 제물을 차려 제향하는 뜻을 펴오니 흠향하시기 바랍니다."

남대문과 동대문 현판의 비밀
― 풍수신앙
EBS 최창조의 풍수기행, 2001. 4. 19.

남대문

우리나라 국보 1호 남대문. 서울 도성의 사대문 가운데 남쪽에 위치해 있어 흔히 남대문이라 불리지만, 정식 명칭은 숭례문崇禮門이다. 그런데 숭례문을 자세히 들여다보면 한 가지 이상한 점이 눈에 띈다. 현판은 대개 가로로 뉘여 놓는다. 그래야 미관에도 좋고 안정감도 생긴다. 그런데 숭례문의 현판은 세로로 곧추 세워 놓았다. 왜 그랬을까?

우선 우리는 숭례문과 그 현판이 만들어진 때가 조선 초기라는 데 주목해야 한다. 조선 초기는 풍수신앙에 따라 한양을 수도로 정하고 도성을 건설하던 때이다. 따라서 서울의 풍수적인 특수성을 이해해야 이 문제를 풀 수 있다. 서울은 풍수명당론으로 하자면 아주 교과서적인 땅이다. 갖출 걸 다 갖추

남대문의 현판

고 있는 곳이다. 명당이라면 우선 3면은 가려져 있어야 되고 앞 면은 트여져 있어야 된다. 그런데, 서울의 지세를 보면, 북한산 줄기가 뻗쳐 내려오다가 북악산(청와대의 뒷산)에서 일단 정기를 모아 가지고 서울 명당으로 쏟아 부어준다. 북악산이 서울의 주산主山의 기능을 담당하고 있는 셈이다. 북쪽에 있으니 현무玄武이다. 그 다음으로 오른쪽에는 인왕산 줄기가 버티고 있어 우백호右白虎

① 조종산(祖宗山) : 혈이 출발하는 높은 산.
② 주산(主山) : 혈 위에 높게 솟은 산으로 명당을 지켜준다는 의미에서 진산(鎭山)이라고 부르기도 한다.
③ 좌청룡(左靑龍) : 명당의 왼쪽을 감싸 생기를 모아준다.
④ 우백호(右白虎) : 명당의 오른쪽을 감싸 생기를 모아준다.
⑤ 명당(明堂)
⑥ 혈(穴) : 가장 생기가 왕성한 곳.
⑦ 안산(案山) : 혈 앞에 있는 작은 산.

명당도

를 이루고 있으며, 그 다음에는 대학로 옆산인 낙산駱山이 좌청룡左靑龍이 되어 3면이 제대로 가로막혀 있다. 그 다음 앞쪽에도 높은 산은 아니지만 남주작南朱雀인 남산이 병풍처럼 가려주고 있으며, 그뿐만 아니라 남산을 건너면 한강, 한강 너머엔 관악산이라는 큰 산이 서울을 멀리서 보호해 주고 있다. 게다가 청계천이라는 명당수가 흐르고 있어 서울은 완벽한 곳이었다. 청계천은 서쪽에서 동쪽으로 흘러나가 한강의 흐름과는 반대로 흐름으로써 홍수가 나도 침수의 위험이 아주 적게 되어 있다. 청계천은 서에서 동으로 흐르니 그 지반은 서쪽이 동쪽보다 높기 때문이다. *장풍득수藏風得水

　주산主山 밑에 세워진 경복궁은 명당이었고, 그 중에서도 왕이 집무를 보던 근정전은 혈장穴場, 그 근정전 안에 놓여진 용상은 혈처穴處였다. 식물로 비유하자면 뿌리와 꽃술과 꽃잎과 열매(씨방)라고 할 수 있다.

숭례문의 세로 현판은 어떤 의미일까

　숭례문은 북쪽의 북악산과 남쪽의 남산, 관악산 사이에 놓인 관문이다. 관

북악산과 경복궁   광화문 앞 해태상

악산을 정면으로 바라보는 문이다. 이때 풍수적으로 문제가 되는 것은 남대문에서 직선거리로 달리다 보면 마주치게 되는 관악산이다. 관악산은 사대문 밖에 있는 손님 산. 그런데 그 높이가 629m로 주산인 북악산보다 오히려 높고 크다. 주객이 전도된 것인데 문제는 그것만이 아니다. 관악산은 그 형상 면에서 불꽃이 타오르는 화성火性의 산이다. 불의 산인 셈이다. 그것은 뾰족하게 솟아오른 산봉우리 때문인데 산세가 신기하게도 활활 타오르는 불길을 닮아 있다. 더구나 북악산과 인왕산 사이가 움푹 꺼져 있어 그곳으로 거침없이 들어오는 겨울의 건조한 북서계절풍은 왕궁에 화재를 일으킬 우려가 컸다. 이래서 화재를 막기 위한 비보책이 필요했다고 보인다. 이래서 동원된 것이 숭례문의 현판 글씨라고 추정된다. 화성의 산을 불을 불로써 누르겠다라는 의도로 현판도 세로로 세우고 또 글자 모양도 불꽃이 타오르는 것처럼 배치한 것으로 보인다. 불길이 하늘로 치솟는 모양의 숭자와 세로 현판. 현판의 모양까지도 불길처럼 일어서게 만들었다. 불로 불을 누른다는 적극적 풍수론이다. 물로 불을 제압하려던 비보책도 있었다. 남대문 밖에 있던 남지南池라는 연못. 남지는 풍수적인 의미만 있는 것이 아니었다. 연못의 물이 불을 끄는데 방화수 역할을 했을

터이니 합리적인 대비책이었던 셈이다.

또 하나의 비보는 경복궁 앞에 세워진 해태상이다. 해태는 불을 먹고사는 물의 신. 마치 한양 땅의 화기를 모두 삼켜버릴 듯한 위형이다. 그러나 해태상이 조선 초기부터 세워진 것은 아니었다. 흥선대원군이 풍수를 빙자해 강력한 왕권을 상징하는 해태상을 세웠다는 설도 무시할 수는 없다.

동대문에 왜 홍인지문興仁之門이라는 넉 자 현판이 걸린 것일까

그 열쇠는 그 옆의 낙산에 있다. 낙산은 낮은 산이다. 반면 우백호인 인왕산은 그 산줄기가 높고 길다. 좌청룡과 우백호가 균형을 이루지 못하고 있는 것이다. 풍수적으로 보아 낙산의 산등성이 너머로, 낮은 성벽 너머로 명당의 기가 빠져나간다고 보았

동대문의 현판

다. 그것은 군사적인 측면에서 봐도 방어선이 약한 성벽일 수밖에 없다. 이 헛점을 보완해 줄 장치가 필요했다. 동대문에 옹성을 두르는 한편 청계천 준설 때 나오는 흙을 날라다 지금은 없어진 가산假山을 동대문운동장 자리에 조성하였다. 또 하나 도입한 비보책이 동대문 현판에 쓰여진 네 글자 '홍인지문興仁之門'이다. 원래의 명칭은 홍인문인데 왜 현판은 홍인지문으로 했을까? 그것은 '之'자의 모양이 용을 닮았다고 해서, 산이 없는 경우에 지명에다가 산 대신 '之'자를 넣는 관례를 따른 것이다. 따라서 홍인문 사이에 삽입된 '之'자는 굽이굽이 이어진 산줄기를 상징한다.

일제의 풍수침탈

서울의 도성 속에는 일제가 우리나라 곳곳에 가한 풍수적 침탈의 흔적이 남아 있다. 최고 권력자인 왕이 머물렀던 도성, 한 나라의 상징이라고 볼 수 있는 곳에 일제는 손을 댄 것이다. 일본인들은 이 목적을 달성하기 위해 우선 학자를 동원하여 조선의 풍수에 대해 철저히 연구했고 이를 토대로 침탈을 가하기 시작하였다.

그 가장 대표적인 예가 경복궁이다. 경복궁의 제일 중요한 문, 즉 남문인 광화문을 동쪽으로 옮겨놓았다(지금은 바로잡아 있지만). 경복궁은 서울에서도 핵심적인 혈장에 조성되었는데, 일본인들은 현재 청와대 본관에 해당하는 곳에다가 총독의 관저를 짓고, 그 앞, 광화문 바로 뒤에다가 총독의 집무처인 중앙청을 지었다. 주산인 북악산은 서울 명당터인 경복궁에 기를 불어넣고 있는데 그 목덜미에 조선총독부 관저를 만들어 짓누르고 또 그 앞에는 총독부를 지어 기를 불어넣는 입을 틀어 막아버렸다.

일제의 풍수 침탈은 서울의 도성 파괴로도 나타났다. 도성은 서울의 명당터를 보호하는 비보의 기능을 가지고 있었고, 그런 의미에서 사면의 도성은 명당터인 서울이란 도시에 대한 하나의 상징이었다. 그런데 일본은 그런 도성을 파괴시켰다. 서울의 관문이자 중앙에 놓인 남대문 옆의 성곽부터 헐어서 부두공사 명목으로 인천까지 끌고 가서는 바닷속에

조선신궁

집어넣었다.

 남산 옆에 세워진 성곽을 시작으로 낙산 북악산 인왕산에 이르는 성곽은 이내 사라졌다. 도성이 파괴된 것은 서울이라는 도시가 가지고 있는 상징성이 사라진 것이다.

 일제는 종묘와 남산을 가로지르는 그 사이에 공창 즉 창녀촌을 만들었다. 종묘는 조선시대 역대 왕과 왕비의 신주를 모신 왕가의 사당이다.

 고종황제가 황제자리에 오르기 위해 만든 구조물이었던 원구단圓丘壇, 지금은 천신과 지신의 위패를 모셔놓은 황궁우만 남아있지만, 원구단은 원래 하늘의 아들이 되었음을 하늘에 알리는 제천의식을 행하는 곳이었다. 이곳은 북악산과 남산을 직선으로 연결하는 상징성을 지니는 곳이다. 그런데 일제는 1913년에 이 건물을 헐어버리고 거기에 조선총독부 철도호텔을 지었다.

 남산의 국사당 이전도 단행하였다. 태조 이성계가 한양에 도읍을 정하고 한양에 수호신사로 남산에 두었던 국사당 자리에 일제는 1925년에 조선신궁과 경성신사를 설치하였다. 서울 도성을 내려다보는 남산에 신사를 설치하고 거기에서 조선인들이 절을 하게 한 것이다.

세시풍속

설민석의 무도 한국사 특강, 휴먼큐브, 2014, 331~339쪽.

세시풍속이란 음력 1월(정월)부터 12월(섣달)까지 같은 시기에 반복되는 전승 의례를 말한다. 우리의 경우, 오랜 세월 동안 농경사회였기 때문에, 농사력과 연관되어 있는 게 많다.

세시풍속의 특징은 1년을 단위로 하는 데 있으며, 그 하부 단위는 열두 달이다. 그러므로 음력을 기준으로 월별 세시 행사를 알아보기로 한다.

1월의 세시풍속

1월은 새로운 한 해의 시작으로 정월正月이라고도 한다. 이런 정월은 새해의 시작임을 알리는 각종 행사가 있고, 정월대보름날에 행하는 행사도 있다. 정월에는 새로운 계절인 봄이 온다는 입춘立春이 있는가 하면, 드디어 눈이 녹아 비가 온다는 우수雨水도 들어 있다.

성조正初가 가지는 의미는 곧 만물의 소생이 물리적으로 시작되기 전의 여유기간이다. 이때 신神과 함께 자유롭게 소통하고, 소망을 빌면 그것을 얻을 수 있는 기회로 본 것이다. 둥근달을 보면서 풍농豐農를 바라고 미리 축하하는가 하면 개인의 복락福樂도 비는 행사가 많이 있다.

전하는 풍속으로는 설날과 보름날에는 차례를 지내며, 설빔을 차려입고 세배도 드린다. 그리고 한 해의 복을 비는 덕담을 나누기도 한다. 각 가정에서는 차례가 끝나면 성묘를 하고, 부엌이나 곡간 등에 복조리를 걸어 복을 비는 풍습이 있다. 한편 한 해의 신수를 보기도 하며, 윷놀이, 윷점, 널뛰기, 연날리기, 승경도놀이, 돈치기, 지신밟기 등을 즐겼다. 이때 새해에 닥칠 액을 막는 액막이로 집 안에서 제를 지내는 안택고사와 삼재막이 혹은 홍수매기도 있다.

정월의 첫날은 원단元旦, 세수歲首, 연수年首, 신일愼日이라고도 하는 데, 1년의 시작이라는 뜻에서는 모두 설날과 같은 뜻이다. 또 1년의 첫날이면서 1월의 첫날, 일자의 첫날이므로 '삼원지일三元之日'이라 하여 원조元朝라는 단어를 쓰기도 한다.

설의 뜻에 대해서는 정확한 근거가 없으나, 원래 '삼가하다', '낯설다' 등으로 해석되기도 한다. 지난해에서 분리되어 새로운 해에 속하는 과정으로서, 근신하여 경거망동하지 말기를 바라는 뜻이 포함되어 있다. 고유의 설날은 정월 초하루에 해당하였지만, 설 명절名節은 정초부터 대보름까지 이어지는 기간이었다. 승정원承政院에서는 설날부터 3일간 각방各房에서 공무를 보지 않았으며 출근도 하지 않았다. 시장市場도 문을 열지 않았고, 공경대부公卿大夫의 집에서는 찾아오는 손님도 지함紙函만 받을 뿐 면회를 하지 않아 철저한 근신을 하였다. 지금도 전해오는 설날의 3일간은 친지를 방문하여 새배를 드리거나 웃어른을 공경하고 성묘를 하는 데 활용하던 시간이었다.

설날에는 차례상과 세배 손님 대접을 위해 여러 가지 음식을 준비하는 데,

이 음식들을 통틀어 세찬歲饌이라 한다. 한편, 설날 전에 어른들께 보내는 귀한 음식과, 어른들이 아랫사람들에게 보내는 먹을 것도 세찬이라고 하였다. 따라서 세찬이란 한 해의 시작에 즈음하여 직전인 그믐과 직후인 설날에 관련하여 만드는 음식을 말한다. 이때 마시는 음식 중에 이명주耳明酒가 있는데, 이는 귀밝이술이라 하여 한 해 동안 잘 들리라는 의미로 남녀노소를 가리지 않고 데우지 않은 청주淸酒를 약주藥酒로 한 잔씩 마셨다.

세찬으로 보내는 음식의 종류로는 여러 가지가 있었으나 대표적인 것이 쌀, 술, 담배, 어물魚物, 고기류, 꿩, 달걀, 곶감, 감 등이다. 세배 후에 이루어지는 것은 세찬 외에도 덕담德談 주고받기가 있다. 그해 바라는 소망을 이루거나, 힘든 과정을 이기고 성취하라는 의미가 담겨 있는 말을 주고받음으로써 위로가 되고 격려가 되는 것이다.

설날의 시절 음식으로는 제상에 밥 대신 놓는 떡국 즉 병탕餠湯과, 도소주, 만두, 조랭이떡국, 편육, 떡찜, 육회, 느릅적, 약밥, 겨자채, 잡채, 나물, 족편, 전유어, 식혜, 약과, 다식, 정과, 엿강정, 산자, 절편, 수정과, 햇김치, 빈대떡, 나박김치, 장김치, 주악, 인절미 등 여러 가지가 있다. 새해에 먹는 가래떡의 희고 긴 것은 순결하면서 수명이 길게 장수하라는 의미를 지닌다. 이는 혼인날에 국수를 먹음으로 인연이 길게 이어지라는 것과 같은 이치다. 떡국을 끓이기 위해 준비한 가래떡을 탕을 끓이기 위한 떡이라 하여 탕병湯餠, 손처럼 가늘고 둥글게 말았다고 하여 권모拳模, 겨울에 먹는 만두라는 동혼돈冬餛飩, 연초에 먹는 수제비라는 뜻으로 연박탁年餺飥으로도 불렀다.

또 대보름은 신라 때부터 지켜온 명절의 하나로 재앙과 액厄을 막기 위한 제일祭日이었다. 이날은 달맞이, 일백 집의 밥을 얻어먹는 백가반百家飯먹기, 놋다리밟기, 줄다리기, 풍장치기, 지신밟기, 답교놀이, 석전石戰, 농채싸움, 가마싸움, 보리뿌리점, 입춘첩, 용알뜨기, 부럼깨기, 여름 무더위를 피하기 위한 더위팔기, 소밥주기, 쥐불놀이 등 다양한 풍속이 있다.

음력 정월대보름은 상원上元이라 하였으며, 7월 보름의 중원中元, 10월 보름의 하원下元과 함께 중요한 의미를 지녔다. 이중에서도 정월대보름은 가장 둥글고 꽉 찬 달이 풍성함을 상징하며, 농경사회의 풍년을 기원하는 것이다.

대보름의 시절 음식으로는 9차례의 일을 하고 9차례의 밥을 먹는다는 오곡밥, 각종 묵은 나물, 귀밝이술, 약식, 원소병, 밤과 잣을 포함하여 호두와 땅콩을 추가하는 부럼깨기, 복쌈 등이 있다. 원래 약식에 들어가던 밤이나 대추, 잣 등을 구하기 어려운 평민들이, 이를 대신하여 만든 오곡밥은 쌀, 보리, 조, 콩, 기장을 넣어 만드는 영양식이었다. 특히 엄동설한으로 푸성귀가 없는 상원上元에 먹던 나물을 상원채上元菜라 불렀다. 이런 상원채는 가을에 수확하여 말려 두었던 것들을 사용한다.

정월 초파일을 곡일穀日이라고 하며, 정월 12지일十二支日은 그해 들어 처음 맞는 12지지의 날이므로 새로운 의미를 부여하였다. 자축인묘진사오미신유술해의 12가지 동물에 대한 날日로 각자의 특성에 맞는 의미를 두었지만, 설날부터 대보름까지 계속하여 이어지는 날들이라서 그렇게 중요하게 여기지는 않았다. 특히 설날에 드는 간지일干支日이 털이 있는 동물을 상징하는 날이면 유모일有毛日이라 하여 그해에는 풍년이 든다고 하였다. 반대로 정월 들어 처음 상점이 문을 열 때에도 무모일無毛日에는 열지 않을 정도로 가렸던 날이다.

입춘절立春節은 24절기의 입춘에 해당하는 것을 말하는 데, 입춘의 농사일과 무관하게 해마다 반복되어 일어나는 풍습을 의미한다. 대문간이나 광문 등에 춘련春聯 또는 입춘첩立春帖이라는 글귀를 써 붙여 봄기운을 불러들였다. 이때 '입춘대길立春大吉' 등을 써 붙이고 '입춘오신반立春五辛盤'을 먹었다. 입춘오신반은 다섯 가지의 쓴맛을 내는 채소로 파, 마늘, 자총이, 달래, 평지, 부추, 무릇, 미나리 새순 등을 말한다. 이들의 색이 5가지의 오방색을 뜻하여 임금이 사색당파를 깨트리자는 의미와, 인의예지신의 다섯 가지를 표방하기도 하였다. 여기서의 자총이는 파의 일종으로 일반 파에 비해 매운 맛이 더 강한 식물이다.

2월의 세시풍속

2월은 겨울잠을 자던 동물들이 잠에서 깨어난다는 경칩驚蟄과 밤낮의 길이가 같다는 춘분春分이 들어 있는 달이다. 이때는 봄을 시샘하는 꽃샘바람이 불고 꽃샘추위가 찾아오는데, 이는 2월에 바람의 신神인 영등신이 부리는 조화로 이와 관련된 행사가 있다.

다른 풍속으로는 2월 6일 초저녁에 묘성昴星 즉 좀생이별을 보았으며, 궁에서는 2월 초하루를 중화절中和節이라 불렀다.

2월 초하루에 행하는 영등일 행사에는 영등신을 달래고, 그해의 날씨를 점치는 풍습이 있다. 이때 굿을 하면서 울긋불긋한 기旗를 세우기도 하였는데, 지금에 와서는 울긋불긋 펄럭이는 기가 점占집을 의미하는 대명사가 되었다. 한편 민가에서는 노비일奴婢日 혹은 머슴날이라 하여 농사일을 시작하기 전에 사기를 북돋우는 날로 삼았다.

정월 보름날 마당에 세워 두었던 볏가릿대 즉 화간禾竿을 이날 아침에 거두면서 얻은 벼를 빻아 떡을 빚었다. 이 떡은 다른 명절의 송편보다 훨씬 크게 만들어 농사일에 수고할 일꾼에게 나누어 주었으니, 일하는 사람들에게 관심을 쏟고 격려할 줄 아는 아름다운 풍속이었다. 지금이야 먹는 것이 풍성해져 떡의 귀함을 알지 못하지만 예전의 떡은 매일 먹는 음식이 아니었다. 서민들은 특별한 절기나 행사에만 먹는 음식으로 평소에는 비교적 여유가 있는 집 안에서만 맛볼 수 있는 음식에 속했던 것이다. 따라서 어쩌다 한 번 하는 떡은 이웃과 나누어 먹을 정도로 넉넉하게 하는 것이 상례였다. 그리고 잔칫날 떡은 행사에 참여한 사람이나 참여하지 못한 사람을 구분하지 않고 고루 나누어 먹는 정으로 이어왔다. 지금도 이사 온 사람이 새집을 지어 기분이 좋아서 혹은 마음에 드는 집을 장만하여 이사한 것에 대한 자축장의 의미로 떡을 하는 데, 이사 오는데 전혀 도움을 주지 않은 아파트의 이웃에게 떡을 돌리는 것도 잔치의 일종으로 아름다운 풍습으로 전해오고 있다.

볏가릿대는 충청도에서는 노적가리라 불리기도 하였으며, 농사가 많은 전라도에서는 그 이름도 다양하여 노적가리 혹은 농사장원기, 볏가리, 유지기, 낟가리대 등으로도 불렸다. 한자漢字로는 화적, 화간, 도간 등이다.

머슴날의 시절 음식으로는 노비송편, 약주, 생실과, 포, 절편, 유밀과 등이 있다. 노비송편은 쌀가루를 반죽한 후 그 속에 시래기를 다져 넣은 것인데, 크기도 추석에 먹는 일반 송편보다 크지만 비타민과 무기질이 풍부한 시래기를 넣은 송편이 별미로 등장하였던 것이다.

3월의 세시풍속

3월에는 하늘이 맑고 쾌청하다는 청명淸明과 찬밥을 먹고 성묘를 하는 한식寒食이 있다. 또 모든 곡식들이 잘 자라도록 비가 내린다는 곡우穀雨도 있다. 이때 하루가 다르게 기온이 올라 봄을 느끼니 이른바 여름 철새가 날아온다는 삼월삼짇날을 포함한다.

삼짇날이 되면 화전놀이를 하며, 본격적인 농사가 시작되기 전에 힘을 비

축하는 휴식을 취하거나 산천경개를 구경하기도 하였다. 한식에 성묘를 하고 산(墓地)일을 하는 풍습이 있다.

한식寒食은 동지 후 105일째 되는 날로 음력으로 2월 하순이나 3월 초에 드는데 청명과 겹치거나 하루 늦게 든다. 이날은 종묘宗廟와 능원陵園에 제향祭享을 지내고, 민간에서도 성묘省墓를 한다. 한식의 유래는 매년 봄에 새로운 불씨(新火)를 받고 지난 불씨(舊火)를 금지하는 경우, 미처 새 불씨(新火)를 받지 못하여서 낡은 불도 혹은 새 불도 사용하지 못한 데서 비롯하였다. 한편 중국에서는 개자추의 충정忠情을 기리는 날로 전하기도 한다.

한식의 시절 음식으로는 찬 음식과 술, 과일, 포, 식혜, 떡, 국수, 탕, 적 등이 있다.

또 음력 3월 초사흗날을 삼짇날이라고 하는 데, 상사上巳, 중삼重三, 또는 상제上臍라고도 한다. 이날은 '답청절踏靑節'이라 하여 들판에 나가 꽃놀이를 하면서 파랗게 돋아난 새 풀을 밟으며 봄을 즐긴다는 의미가 담겨 있다. 겨우내 웅크렸던 몸을 답청놀이를 통하여 펼치는 것은 요즘의 봄소풍과도 같은 이치다.

삼월삼짇날의 시절 음식으로는 약주, 생실과, 포, 절편, 화전, 조기면, 탕평채, 화면, 두견화전, 수면, 진달래화채, 향애단香艾團 즉 쑥경단, 쑥떡 등이 있다.

4월의 세시풍속

4월에는 여름에 접어든다는 입하立夏가 있고, 점차 더워진다는 소만小滿이 있다. 이때부터 농사일이 바빠지지만 4월 초파일을 기리는 행사가 기다린다.

4월에는 초파일을 가장 기념할 만한 날로 들 수 있는데, 이날의 연등행사는 불교적인 행사가 아니더라도 별도의 행사로 치러지던 것이었다. 그러다가 연등행사를 제외한 초파일의 다른 행사가 생략되면서 절에서의 고유 행사만 전해지고 있는 것이다. 주요 행사로는 탑돌이, 관등놀이, 불공드리기 등이 있다.

음력 4월 초8일을 등석燈夕이라고 하는 데, 대나무로 엮은 빨랫줄 같은 등간燈竿을 세우는 것으로 시작된다. 이날은 석가모니의 탄생일로 욕불일浴佛日이라고도 부른다. 신라 때부터 전해오던 유습遺習으로 절에 찾아가 제齋를 올리고 여러 가지 모양의 등을 만들어 관등을 밝혔으며, 또한 집집마다 연등을 달고 손님을 초대하여 대접하였다.

초파일의 시절 음식으로는 느티떡, 콩조림, 쑥떡, 국화전, 각색 주악, 도미찜, 미나리강회, 녹두찰떡, 화전, 석이단자, 비빔국수, 신선로, 도미찜, 양지머리편육 등 채소 반찬 즉 소찬素饌이 주를 이룬다.

5월의 세시풍속

5월에는 보리를 베고 모내기를 한다는 망종芒種이 있으며, 여름의 한가운데에 섰다는 하지夏至가 들어 있다.

이달에는 뭐니뭐니해도 단오를 꼽는다. 단오는 음력 5월 5일을 말하는 데, 이렇게 홀수가 겹친 날은 양기가 충만한 날이라 하여 길일吉日로 여겼다. 따라서 이런 날에 각종 행사는 물론이며 심신을 단련하기도 하였다. 씨름, 그네타기, 창포물에 머리감기, 단오부채 등이 전하는 풍습이다. 단오부채는 조정에서 하사받은 것도 있지만, 민가에서는 민초들이 자기들끼리 만들어 주고받기도 하였다.

음력 5월 5일은 다른 말로 수릿날, 중오절重五節, 천중절天中節, 단양端陽이라고 한다. 모내기를 끝내고 풍년을 기원하는 기풍계절祈豊季節이기도 하여 여러 가지 행사가 전국적으로 행해졌다. 한방에서는 단옷날 오전 11시에서 오후 1시까지 즉 오시午時에 뜯는 쑥이 약효가 좋다고 하여 쑥과 익모초益母草를 뜯어 말리는 풍습이 전해온다. 이 쑥을 엮어 월계관처럼 만든 꽃을 애화艾花라 한다.

단오의 시절 음식으로는 수리취절편과 제호탕이 유명하며, 생실과와 앵두편, 앵두화채, 준치만두, 알탕, 도미찜, 붕어찜 등이 있다.

6월의 세시풍속

6월에는 본격적인 더위가 시작된다는 소서小暑와 한참 극에 달하였다는 대서大暑가 있다. 이때는 더위를 피하기 위한 방편으로 유두놀이를 포함한 유두절 행사가 있다.

특별히 음력 6월 15일을 유두날流頭日이라 하였는데, 이 단어는 '동류두목욕東流頭沐浴'에서 유래되었다. 맑은 개울물에 나가 목욕하고 머리를 감는다는 뜻이다. 이날 시원한 그늘에서 청유淸遊하면 더위를 막는다고 믿었다. 또 집에서는 새로 나온 과일로 제사를 지내는 '유두천신流頭薦新'을 하였다. 여기서의 천신이란 새로운 곡물이나 과일을 조상께 먼저 드린다는 뜻이니, 유두에 천신하면 유두천신이 되는 것이다. 예부터 먹을 것이 부족하여 내 차지가 되지 못한 경우를 두고, 천신도 못했다는 말을 하였다. 이는 내가 먹을 것은 그만두더라도 조상께 제사 지낼 분량도 되지 못한다는 뜻으로, 어린이보다는 어른을 그리고 현세보다는 조상을 먼저 생각하는 사상이 담겨 있다. 그런가 하면 다가오는 삼복三伏의 무더위에 대비하여 몸을 보하는 음식을 먹기도 한다.

유두의 시절 음식으로는 수단이나 건단, 유두면, 편수, 임자수탕, 깻국, 어선, 어채, 구절판, 밀쌈, 생실과, 증편, 상화병 등이 있다. 수단은 떡국보다 좀 가늘기는 하지만 이보다 좀 두껍게 잘라 쌀가루를 씌운 후, 살짝 데쳤다가 꿀물에 넣어 얼음을 채워 먹는 음식이다. 이 음식은 중국에서는 단오에 먹었지만 우리는 유두에 먹었다.

궁에서는 각 관서에 나무로 만든 패牌를 나누어 줌으로써 얼음을 타가도록 하는 시절행사가 있다.

7월의 세시풍속

7월에는 가을에 접어드는 길목의 입추立秋가 있고, 더위다운 더위는 사라져서 어쩌다 군데군데 조금 남아 있으면 처서處暑가 된다. 그러나 음력 7월은 양력 8월에 해당하며, 한창 더위가 기승을 부릴 때다. 따라서 더위에 지친 몸을 추스르는 일이 필요한 때이기도 하다.

한편 바쁜 농사가 잠시 멈춘 시기로 농부들도 나름대로 한가한 시간을 맞는 때이다. 7월 7일의 칠석놀이로 지친 심신을 달래는데, 이날은 견우牽牛와 직녀織女가 1년에 한 번 만나는 날이라서 서러움과 애틋함에 흘리는 눈물이 비가 되어 내린다고 한다.

칠석의 시절 음식으로는 밀전병과 밀국수, 냉소면冷素麵, 주악, 규아상, 영계찜, 어채, 열무김치, 밀설기, 증편, 밀전병, 복숭아화채, 취나물, 고비나물, 오이소박이 등이 있다.

또 7월 보름날이면 백중百中이라 하여 1년 중 바닷물의 높이가 가장 높으며, 혹시 비라도 내리는 날이면 만조滿潮로 수해水害를 당하는 시기이다. 다른 말로 백종百種, 백중白衆, 중원中元 또는 망혼일亡魂日이라고도 한다. 망혼일은 백중의 시절 음식인 각종 채소와 과일, 술, 밥 등을 차려 놓고, 죽은 어버이의 혼을 부르는 날이다. 혹자는 불교의 우란분절에 백종百種의 음식을 장만하여 공양하던 것에서 비롯되었다고 말한다.

한편 여름의 고비에는 삼복더위가 이어지는데, 하지夏至가 지난 후 세 번째 경일庚日을 초복初伏, 네 번째 경일을 중복中伏, 그리고 입추立秋가 지난 후 첫 경일을 말복末伏이라고 부른다. 이 셋을 통틀어 삼복三伏이라 하는 데, 이때가 가장 더운 시기로 개가 혀를 내밀고 땅바닥에 바짝 엎드려 늘어진 모습을 연상시킨다. 그러나 조선 이수광의 유작遺作으로 자손들이 엮어낸 『지봉유설芝峯類說』에 의하면 '복날은 양기陽氣에 눌려 음기陰氣가 엎드려 있는 날'이라고 하였다. 따라서 모든 사람이 더위에 지쳐 있는 시기로, 허약해진 몸을 보호하기 위한 보양식保養食을 먹었다.

이때의 시절 음식으로는 육개장, 구장 즉 개장국, 삼계탕, 잉어구이, 오이소박이, 증편, 복죽, 제물닭칼국수, 호박지짐 등이 있다.

8월의 세시풍속

8월에는 벌써 1년 농사의 수확을 예고하는 달이며, 찬이슬이 내린다는 백로白露와 가을의 중턱에서 밤과 낮의 길이가 같다는 추분秋分이 들어 있다. 보름이 되면 한가위라 하여 풍년 농사를 도와주신 조상께 감사하며 서로에게 배려하는 중추절이 기다린다. 중추절은 음력 8월 15일로 추석秋夕, 가배일嘉俳日, 가위, 한가위라고도 하는 우리나라의 큰 명절에 속한다. 혹 가정적으로 무슨 일이 있어 설날과 동지에 제사를 지내지 못했더라도 추석과 한식에는 반드시 지내는 풍습이 있다.

추석에는 새로 수확한 곡식으로 각종 추석 음식을 차려 조상께 감사하고 성묘를 한다. 또 이에 걸맞는 행사가 있으니, 대표적인 것으로는 1년 중 가장 둥근 추석달맞이와 강강술래를 들 수 있다.

대표적인 시절 음식으로는 햇곡식으로 만든 떡과 술, 그리고 햇과일을 들 수 있다. 이 밖에도 햅쌀밥, 토란탕, 가리찜 즉 닭찜, 송이산적, 잡채, 김구이, 송편, 배숙, 햇과실, 화양적, 지짐누름적, 율란, 조란, 송이찜 등이 있다.

9월의 세시풍속

9월에는 본격적인 수확의 계절로 찬 이슬이 내리니 빨리 서두르라는 한로寒露가 있고, 드디어 서리가 내리니 마무리를 하라는 상강霜降도 들어 있다. 이때를 놓치면 내년 농사에 쓰일 종자를 얻지 못한다거나, 수확이 줄어드는 등 많은 수고를 감당해야 하니 서둘러 수확하여야 한다. 이제 곧 시들어질 양기陽氣를 마지막으로 충전하는 중양절重陽節 행사가 있어 다가올 겨울의 음기陰氣에 대비하는 때이기도 하다.

특히 9일은 홀수로 양陽의 기운이 충만하지만, 9월이라는 숫자와 겹쳐서 극에 달한 때라 이른다. 또 9라는 숫자가 수 중에서 가장 큰 수이므로 양기陽氣의 극대를 뜻하여 중구重九, 중광重光, 중양重陽이라 하고, 가을을 남자의 계절이라 부르는 요인이 되기도 한다.

조선 순조 때 1879년 홍석모가 쓴 『동국세시기東國歲時記』에서는 가까운 산에 올라 국화주를 마시고 국화전을 먹는 풍습을 보여주는데, 이는 옛 풍습인

등고登高가 전해온 것이라 한다. 특히 지금의 가을소풍도 이 등고登高에서 비롯되었다고 할 수 있다.

시절 음식으로는 감국전, 밤단자, 국화화채, 어란, 유자차, 유자화채, 유자정과, 생실과, 국화주, 국화전, 도루묵찜, 호박고지시루떡 등이 있다.

10월의 세시풍속

10월은 겨울에 접어든다는 입동立冬이 있고, 이어 눈이 내린다는 소설小雪이 있는 달이다. 겨울에 접어들기 때문에 땔감을 장만하고 김장을 담그는 등 겨우살이 준비를 해야 한다. 이때 한 해 동안의 돌보심에 감사하여 제祭를 지내고, 내년 농사도 잘 도와달라는 기복신앙祈福信仰이 행해지기도 한다. 이런 10월을 시월상달이라 하여 고사告祀와 위로慰勞를 겸한다.

10월에는 예전의 고대로부터 내려온 상달고사上月告祀가 있다. 이는 1년 농사의 풍년에 감사하며 기복신앙의 표본이 된다. 지금도 새로운 물건을 사거나 집을 늘리는 등 커다란 변화가 있을 때에는 고마움의 표시로 고사告祀를 지내는 풍습이 남아 있다. 이와 마찬가지로 힘들여 지은 농사의 가을걷이를 끝내고 겨울준비를 하면서 감사의 고사를 지내는 때이다.

강화지역에서는 10월 20일에 부는 바닷바람은 매섭고 차갑다 하여 이를 피해서 뱃길을 나갔다. 이 바람을 손돌바람이라 하며, 추위는 손돌추위라고 부른다. 또 각 가정에서는 말날午日이나 길일吉日을 택해서 햇곡식으로 술과 떡을 하고 갖가지 과일을 준비하여 가내家內의 안녕安寧을 관장하는 성주신城主神에게 제사를 지냈다. 한편 오래된 조상에게는 형편에 따라 택일을 한 후 문밖에서 한꺼번에 시제時祭를 지냈다. 이는 일가친척 종친들이 한자리에 모여 한꺼번에 시제를 드리는 현재의 모습과는 약간 다르다.

10월의 시절 음식으로는 무오병, 감국전, 시루떡, 만둣국, 열구자탕, 변씨만두, 연포탕, 애탕, 애단자, 밀단고, 강정 무시루떡, 생실과, 유자화채 등이 있다.

11월의 세시풍속

11월에는 확실한 겨울에 들어 눈이 많이 온다는 대설大雪이 있고, 겨울도 이제 한 고비에 달했다는 동지冬至가 있다. 그러나 오히려 이제부터 본격적인 겨울의 차가운 기온을 느끼게 되니 주의하여야 한다. 이때는 넉넉하게 준비한 식량과 땔감을 바탕으로 여유로운 농한기를 맞는다.

동지는 24절기의 한겨울을 의미하지만, 우리의 세시풍속에서 한 해의 중요풍속으로 쳐주기도 한다. 이때는 팥죽을 끓여 장독대나 벽, 대문간에 뿌려 잡귀를 물리친다는 벽사僻事의 주술을 행한다. 팥죽은 중국의 풍습으로 동짓날에 죽어 염병을 전파하는 망나니 귀신이 살아생전에 팥을 싫어하였다는 데서 유래한다.

동짓날은 '아세亞歲'라고 하여 민간에서는 '작은 설'로 통했다. 동지를 지나면서부터 점차 낮이 길어지기 때문에 태양이 죽었다가 다시 살아나는 의미를 부여한 것이며, 이를 기리는 축제나 각종 행사가 성행하였다. 따라서 동지冬至는 자연自然과 밀접한 농사일의 원년元年에 해당하므로 일부 국가에서는 동지를 설날로 삼기도 했다.

궁에서는 관상감에서 다음 해의 역세曆歲를 진상하면 왕이 사신들에게 나누어 주었는데 이를 동지책력이라 한다. 또 제주의 귤橘을 진상받은 기념으로 황감제黃柑製라는 고시를 열어 수석한 사람에게는 집을 한 채 하사하였다.

이때 먹는 시절 음식으로는 팥죽과 동치미, 경단, 식혜, 냉면冷麵, 수정과, 전약이 있으며, 청어를 조상께 드리는 청어천신青魚薦新도 있다.

12월의 세시풍속

12월에는 점점 추워진다는 소한小寒이 있고, 그 추위가 이제 맹위를 떨친다는 대한大寒이 들어 있다. 특히 이달은 1년 중 마지막 달로 섣달이라고 부르며, 마지막 가는 날을 아쉬워하는 그믐날 행사가 있다. 이날은 뜬눈으로 날을 새는 데 이를 제야除夜라 하였으며, 내일 맞을 설날을 위해 이것저것 준비하는 일로 바쁜 가운데 저무는 해의 귀신이 못된 짓을 할까 봐 걱정하는 마음에서 비롯되었다. 이런 일을 수세守歲라 하였다.

수세의 방법으로 방이나 마당, 부엌, 대문, 변소 등의 집안 구석구석에 불을 밝히고 날을 샜다. 이렇게 함으로써 잡귀의 출입을 막고 복을 받는다는 도교道敎적 풍속에서 유래한 것이다. 한편 섣달 그믐날까지 먹던 음식과 바느질을 포함한 모든 것들은 해를 넘기지 않는다고 하였는데, 저녁밥도 반찬을 남기지 않고 다 먹기 위하여 섞어서 비벼 먹는가 하면 밤늦도록 바느질을 하는 풍습이 전해졌다.

섣달은 '납월臘月'이라 하며, 동지가 지난 후 세 번째 미일未日를 납일臘日이라 한다. 그믐을 제석除夕, 세제歲除, 세진歲陳, 작은설이라고도 불렀다. 이때의 작은 설은 내일이면 설날이 되니 그믐날은 버금가는 설날이라는 뜻이다. 사당에서 조상의 음덕에 감사하는 제를 지내며 성묘도 하고 부모님의 무병장수를 빌었다. 또 집안 어른들과 일가친척을 찾아뵙고 묵은세배를 하였다. 이는 모두 지난 과거를 잊고 새로운 다짐을 하는 일과 연관이 있는 것들이다. 이런 행사는 궁궐에서도 있었는데, 한 해를 마무리하면서 묵은 잡귀를 쫓아내고 새해를 환영한다는 의미로 연종제年終祭라 하였다.

제야에 먹었던 시절 음식으로는 비빔밥인 골동반, 만두, 떡국, 완자탕, 전골, 장김치, 적, 병, 주악, 수정과, 식혜 등이 있다.

언어예절

압존법

한국은 경어법이 발전한 나라이다. 그 중에서도 압존법은 특이한 현상이라 익혀 두어야 한다. 압존법이란 무엇인가. 높여야 하지만 특수한 사정상 낮추는 것을 말한다. 예컨대 형에게 말을 할 때 높여서 말하는 것이 원칙이지만, 아버지 앞에서 형에 대해 언급할 때는, 형에게는 미안한 일이지만, 형이 아버지보다는 낮은 게 분명하므로, 형을 깎아서 말하는 경우를 일컫는다.

"아버지, 형이 그렇게 말했습니다."

이렇게 해야 맞다.

"아버지, 형님께서 그렇게 말씀하셨습니다."

이렇게 말해서는 안 된다는 것이다.

전통가정에서, 시부모 앞에서, 며느리가 자기 남편을 지칭할 때도 마찬가지였다.

"아버님, 에미 아직 안 들어왔습니다."

이게 맞다.

남 앞에서 자신의 아내를 말할 때도 그랬다.

"제 부인은 그렇지 않습니다."

이러면 결례이다. '부인'은 남의 아내를 높여서 부르는 말이지, 자기가 자기 아내를 남 앞에서 말할 때는 '아내'나 '집사람(처)'이라고 지칭하는 것이 예절로 되어 있다.

가족간의 올바른 호칭

자기 본관 / 성씨, 시조를 말하는 법 : (본관) (성씨)가家입니다.
(예 : " '해주' '최'가입니다.") 시조는 ○자字 ○자字입니다.

〈친가親家〉

대상자		내가 부를 때	나를 부를 때	내가 남에게 말할 때	남이 나에게 말할 때	남에게 자신을 말할 때
조부 (祖父)	생존	할아버지(祖父) 할아버님 [(시)도 같음] (문 : 편지) 조부주(祖父主)	저 [(시)도 같음] 소손(小孫) (문)불효손 (不孝孫)	조부(祖父) 왕부(王父) 노조 (老祖父)	조부장 (祖父丈) 왕부장 (王父丈) (문)왕존장 (王尊丈)	조부(祖父) 나, 할애비 (문)여(余)
	사후	(제 : 제사) 현조고(顯祖考)	(문)고손 (高孫) (제)효손 (孝孫)	조고(祖考) 선왕부 (先王父)	왕대인 (王大人)	
조모 (祖母)	생존	할머니, (시)할머님 (문)조모주 (祖母主)	(조부와 같음)	조모(祖母) 왕모(王母) 노조모 (老祖母)	왕대부인 (王大夫人) (문)존왕대부인 (尊王大夫人)	조모(祖母) 나, 할미
	사후	(제)현조비 (顯祖妣)	(문)애손(哀孫) (제)효손(孝孫)	조비(祖妣) 선왕모(先王母)	선왕대부인 (先王大夫人)	
부(父)	생존	아버지 아버님 [(시)도 같음] (문)부주(父主)	저 [(시)도 같음] 소자(小子) (문)불효자 (不孝子)	가친(家親) 엄친(嚴親) 노친(老親)	춘부장(春府丈) 춘장(椿丈) 춘당(春堂)	부(父), 나, 애비(문) 여(余)
	사후	(제)현고(顯考) 아버님	(문)고자(孤子) (제)효자(孝子)	선고(先考) 선친(先親)	대인(大人) 선고장(先考丈)	
모(母)	생존	어머니, 어머님 [(시)도 같음] (문)자주(慈主)	(부와 같음)	자친(慈親) (문)자정 (慈庭)	자당(慈堂) 훤당(萱堂)	모(母), 나, 에미
	사후	(제)현비(顯妣)	(문)애자 (哀子) (제)효자 (孝子)	선비(先妣)	대부인(大夫人) 선자당(先慈堂)	
부모 동시	생존	부모님 양위(兩位)분	(위와 같음)	양친(兩親)	양당(兩堂)	우리내외 (內外)
	사후	(위와 같음)	(문)고애자 (孤哀子) (제)효자 (孝子)	선고비 양위 (先考妣 兩位)	선대인양위 (先大人兩位)	

대상자		내가 부를 때	나를 부를 때	내가 남에게 말할 때	남이 나에게 말할 때	남에게 자신을 말할 때
남편	생존	당신, 여보 (문)서방님, 군자	저, 나 (문)졸처 (拙妻) 우처(愚妻)	남편, 주인, 바깥양반 (문)가군(家君), 가부 (어른에게) 사랑, 저	현군(賢君), 영군자(令君子) 부군(夫君), 주인어른	나 (문)졸부 (拙夫)
	사후	(제)현벽(顯辟)	(제)주부 (主婦)	망부(亡夫)	선영군자 (先令君子)	
아내	생존	당신, 여보, 마누라 부인(夫人)	나 (문)졸부 (拙夫)	내자(內子), 안사람 (문)형처(荊妻), 실인 (어른에게) 제댁, 안	부인(夫人), 영부인 합부인 (閤夫人) 현합(賢閤)	저, 나 (문)졸처 (拙妻) 우처(愚妻)
	사후	(제)망실(亡室), 고실	(제)부(夫)	망처(亡妻)	고영부인 (故令夫人)	
아들		이름이나 별명 (字), 애 (문)돈아(豚兒)	애비, 에미, 나 (문)여(余)	자식, 가아(家兒) (문)가돈 (家豚)	자제, 영식(令息) (큰아들) 영윤(令胤)	저, 나, 소자 (小子) (문)불효자 (不孝子)
딸		이름이나 별명 (출가하 면) 사위의 성을 붙쳐 '' 실(집) (문)여아(女兒)	(아들과 같음)	딸, 여아 (女兒), 여식 (문)가교 (家嬌)	따님, 영애(令愛) 영교(令嬌)	저, 나, 여식 (女息) (문)불초녀 (不肖女)
손자 (孫子)		이름이나 별명 (문)손아(孫兒)	나, 할아버지, 조부 (문)여(余)	손아(孫兒), 손녀(孫女), 가손(家孫)	영포(令抱), 영손(令孫), 현손(賢孫)	저, 나, 소손(小孫) (문)불효손 (不孝孫)
형(兄)		자기가 결혼전에는 형, 결혼 후는 형님, (시)아주버님 (문)형주(兄主)	저, 나, 동생, 아우, (문)사제 (舍弟)	사형(舍兄), 큰형 —사백(舍伯) 작은형 —사중(舍仲)	큰형 백씨장 (伯氏丈) 작은형 —중씨(仲氏)	나, 형, (문)사형 (舍兄), 가형(家兄)
형수 (兄嫂)		아주머니, 형수 (시)형님, (문)형수주 (兄嫂主)	저 (문)생(生) 수제(嫂弟)	형수씨 (큰형수—백 / 작은형수—중)	영(令)형수씨 (큰伯 / 작은仲)	나, 저 (문)수형 (嫂兄)

대상자	내가 부를 때	나를 부를 때	내가 남에게 말할 때	남이 나에게 말할 때	남에게 자신을 말할 때
제(弟)	이름이나 별명 (시)결혼 전 -도련님 (시)결혼 후 -서방님	나, 형(兄) (문)사형 (舍兄)	아우, 동생, 사제(舍弟), 가제(家弟) (시)시동생	제씨(弟氏) 영제(令弟)씨	저, 나, 아우, 동생, 사제(舍弟)
제수 (弟嫂)	제수(弟嫂)씨 (시)동서, 자네	생(生), 나	제수(弟嫂)	영(令)제수씨	저 (문)수제 (嫂弟)
누나 (자(姉))	누나, 누님, (여)언니 (시)형님 (문)자주(姉主)	저, 나, 동생 (문)사제 (舍弟)	자씨(姉氏) 매씨(妹氏)	영(令)자씨	나, 누나 누나 남편 자형
누이동생 매(妹)	이름이나 별명, (문)사매(舍妹), (시)작은아씨, 시집성을 따라 '' 서방댁	나, 오빠, 오라비 (문)사형 (舍兄)	내누이 사매(舍妹)	영(令)매씨	저, 나, 동생
백숙부 (伯叔父)	큰아버지(님), 이하는 차례에 따라 둘째, 셋째아버지 (문)백부주, 중부주, 숙부주	저, 나, 조카 (문)사질 (舍姪) 유자(猶子) 종자(從子)	큰-사백부 (舍伯父) 둘째-사중부 (舍仲父) 아래-사숙부 (舍叔父), 막내-계부 (季父) ※백,중/숙,계	백완장 (伯阮丈), 중완장, (아래) 완장(阮丈)	나, 큰애비, 작은애비 (문)여(余)
백숙모 (伯叔母)	위의 아버지 대신 어머니를 부른다. (문)위의 부대신 모.	(위와 같음)	부대신 모를 넣어 부른다.	백모부인, 중모부인, 숙모부인	나, 큰에미, 작은에미
고모(姑母)	아주머니, 고모님, (문)고모주(姑母主)	저, 나 (문)가질 (家姪)	비고모 (鄙姑母)	존고모부인 (尊姑母夫人)	
고모부 (姑母夫)	아저씨, 고모부님 (문)고숙주(姑叔主)	저, (문)부질 (婦姪)	비고숙 (鄙姑叔)	존고숙장 (尊姑叔丈)	
당숙(堂叔) 부모	아저씨, 아주머님 당숙, 당숙모님	저, (문)종질 (從姪) 당질(堂姪)	비종숙 (鄙從叔) 비종숙모	종(從) 완장(阮丈) 존당숙모부인	아재비 이지미

〈외가外家〉

대상자	내가 부를 때	나를 부를 때	내가 남에게 말할때	남이 나에게 말할때	남에게 자신을 말할때
외(外)조부	외할아버지(님), (문)외조부주	저, 외손 (문)저손(杵孫)	외왕부 (外王父)	외왕존장 (外王尊丈) 외왕대장	나 (문)여(余)
외조모	외할머니(님), 외조모 (문)외조모주	(외조부와 같음)	외조모	외왕대부인 (外王大夫人)	
외숙(外叔) 〈외숙모〉	아저씨, 외숙 '모' 님 (문)내구주 (內舅主) '표(表)숙모주'	저, 생질(甥姪) (문)표질(表姪)	비(鄙) 외숙 '모' 비(鄙) 표숙 '모'	귀(貴) 외숙 '모' 귀(貴) 표숙 '모'	나, 아재비 '아지미'
이모(姨母)	아주머니, 이모 (문)이모주 (姨母主)	저, 이질(姨姪)	비(鄙)이모	귀(貴) 이모(姨母)	나

촌수 계산

- 부자지간은 1촌
- 형제지간은 2촌
- 부부는 무촌

이 원리에 의하여 추산해 가면 아무리 먼 친척도 계산이 가능하다. 예컨대 백숙부모는 아버지(1촌)의 형제(2촌) 이므로 3촌, 할아버지는 아버지(1촌)의 아버지(1촌)이 되어 2촌이다. 촌수는 유산 상속 시에 매우 중요할 수 있다.

- 직계존속 : 나-부모-조부모-증조부모-고조부모-5대 조부모-6대조
- 직계비속 : 나-자녀-손자녀-증손자녀-고손자녀(현손자녀)

촌수별 호칭

- 1촌 : 부자 간間
- 2촌 : 형제, 자매(동기간)
- 3촌 : 백숙부, 모/질(조카, 질녀)
- 4촌 : 종형제, 자매(종반간)
- 5촌 : 종숙부, 모(당숙부, 모)/종질(당질)
- 6촌 : 재종형제, 자매
- 7촌 : 재종숙부, 모(재당숙부, 모)/재종질, 녀(재당질, 녀)
- 8촌 : 삼종형제, 자매
- 9촌 : 삼종숙부, 모/삼종질, 녀
- 10촌 : 사종형제, 자매

종從자가 붙으면 2촌이 추가됨.

재再자가 붙으면 2촌이 또 추가되고 삼三자는 2촌에다 한번 더 2촌이 추가됨.

아버지 형제분들에 대한 호칭

- 백부(맏 아버지) : 아버지 보다 연장자이고 맏이일 때.
- 중부(큰 아버지) : 아버지 보다 연장자이고맏이가 아닐 때.
- 숙부(작은 아버지) : 아버지 보다 연하일 때.

* 백부는 한분밖에 없으며, 중부나 숙부는 여럿일 수 있음.

삼촌三寸은 본래 촌수를 나타내는 것으로 정식 호칭이 아니며, 백부, 중부,

숙부나 말, 큰, 작은 아버지로 불러야 맞음.

  고종사촌간 : 아버지의 여동생(고모)의 자녀와의 관계

  이종사촌간 : 어머니의 여동생(이모)의 자녀와의 관계

  외사촌간 : 어머니의 남동생(외숙)의 자녀와의 관계(외사촌의 처지에서는 종사
촌간)

  어버지의 고모 : 왕고모

  진외가 : 아버지의 외가

  부부간에 말을 놓지 않았으며, 나이어린 동생도 결혼을 하면 '아우님'으
로 부르며 예로 대했음.

'조선왕조실록'이 전문학자는 물론 일반인 들에게까지 널리 이용되는 이유는 어디에 있을 까? 내용이 풍부하기 때문만은 아니다. 실록에 수록된 내용들은 그 기록의 객관성에서도 높이 평가받고 있다. 그 가장 중요한 이유는 실록은 다른 사기들처럼 한두 사람 또는 몇 사람에 의 해서 단기간에 기록된 것이 아니라 500년이라 는 긴 세월 동안 수천 명의 사관들에 의해서 기 록되어진 데 있다. 이 사관들의 올바른 역사를 남기겠다는 기록정신의 소산이기 때문이다.

조선왕조실록 『태조실록』 첫부분

조선시대 실록은 왕이 죽은 뒤 그 다음해에 편찬하는 것이 원칙이 되었다. 새로운 왕이 즉 위하면 우선 실록청을 개설하며 춘추관과 예문관의 관리들이 실록편찬에 들 어갔다. 이때 실록편찬의 기초 자료가 되는 것이 사초였다. 사초란 왕과 대신들의 논의와 사건, 상소의 내용을 바탕으로 사관이 매일매일 적은 기록이다. 그래서 조정에서는 사관의 눈을 가장 두려워했다. 그리고 그것은 왕에 대해서도 예외가 아니었다. 중종실록에는 중종의 성품이 좋고 싫음이 분명치 않아 인재등용이 고르지 않았다고 평가하기도 하였다.

• 『중종실록』 ― 좋아하고 싫어함이 분명치 않았고 어진사람과 간사한 무리들을 뒤섞어 등용해 제위 40년간 혼란한 때가 많았다.

중종 39년 11월 15일

숙종에 대해서는 임금이 대신들이 지쳐서 예모를 잃을 정도로 기다리게 하는 등 대신들을 예우하지 않는다고 비판하였음을 볼 수 있다.

• 『숙종실록』① 임금이 대신들을 지쳐서 예모를 잃을 정도로 기다리게 했다.
• 『숙종실록』② 임금이 대신들을 예우하지 않음을 볼 수 있으니 통탄함을 견딜 수 있겠는가.

숙종 33년 1월 25일

이런 이유로 해서 태종 때는 왕의 말을 몰래 엿들은 사관이 귀양을 가는 사태도 발생했다. 그러나 사관의 올곧음은 꺾이지 않았다. 역사를 바르게 기록하기 위해 그들은 목숨을 아끼지 않았다. 따라서 사관의 자격은 매우 까다로웠다. 내외조 4대까지 흠이 없는 인물이어야 했고, 어떤 집안과 인연을 맺을지 모르기 때문에 미혼이어도 사관에 발탁될 수 없었다. 사관의 집필을 보장하기 위해서 사초를 누설할 경우에는 본인은 물론 자손에게까지 엄벌이 내려졌고 설령 임금이라 할지라도 사초를 보지 못하는 것이 원칙이었다. 성군으로 이름 높았던 세종. 그도 2차례나 『태종실록』을 보려 했다. 그러나 대신들의 반대에 부딪쳐서 한번도 실록을 볼 수가 없었다. 연산군 때 강압으로 인해 사초가 공개되고 그로 인해 1000여 명의 선비들이 목숨을 잃게 되는 무오사화와 같은 사건이 생기기도 했다. 하지만 이 목숨을 위협받는 위기 상황 속에서도 사관들의 붓은 꺾이지 않았다.

때로는 두 종류의 실록이 전하기도 한다. 그것은 당시 정치적 상황과 밀접한 관계가 있다. 두 종류의 실록이 남아있는 경우는 대부분 치열한 당쟁의 여파로 권력의 주인공이 바뀔 때마다 실록이 다시 쓰여졌기 때문이다. 예를 들어 『선조실록』과 『선조수정실록』을 비교해보면 주로 북인인사들이 집필했던 선조실록에는 남인의 거두 이이가 죽었다고 간단하게 집필하는 반면 후에 남인들에 의해 다시 쓰여진 수정실록에는 이이의 학문적인 성과와 정치적 업적을 자세하게 기록해 놓은 것을 볼 수 있다.

▷ 『선조실록』 : 선조 17년(1584) 1월 16일 이조판서 이이가 졸卒 하였다.

▶ 『선조수정실록』 : 임금이 소리를 내어 슬피 통곡하였으며 일반 백성들도 눈물을 흘리면서 "우리의 백성들이 복이 없기도 하다" 하였다.

임진왜란과 병자호란. 현대에 있어서는 36년간의 일제의 강점기, 또 3년간의 6·25 전쟁이라는 혼란, 이 어려운 시기를 실록은 과연 어떻게 넘길 수 있었을까? 임진왜란 때는 왜군이 전주에 들이닥치면서 마지막 남은 실록마저도 소실의 위기에 처하게 된다. 당시 『전주사고』에는 200년간의 '실록' 805권과 614책 '고려사' 등의 역대 '사서' 64종 556책이 보관되어 있었는데, '전주사고'는 불타게 되고 말았으나, 이름 없는 유생 안이와 손홍록의 충성으로 무사하였다. 남원까지 왜군이 들이닥쳤다는 소식을 들은 그들은 전주까지 머슴과 말을 이끌고 달려가 실록을 피신시켰다. 당시 손홍록의 나이는 56세, 안이는 64세였다. 6월 초 전주를 떠나 두 사람이 모두 64궤짝이나 되는 실록을 싣고, 보름 만에 도착한 곳은 내장산 은거암이었다. 은거암에서 실록과 어용을 지키던 두 사람은 왜군의 북진소식을 듣고 7월 초 다시 깊은 산중으로 이동하니 그곳이 바로 비래암이었다. 지금의 금선폭도 위쪽으로 추정되는 비래암이곳에서 안이와 손홍록 두 사람은 다음해 7월까지 거의 1년 동안 마지막으로 남았던 실록을 지켰던 것이다.

그렇게 400여 년간 지켜온 실록은 일제강점기를 맞으면서 또 한번 수난을 겪는다. 조선을 강제로 합병한 일제는 전국의 사료를 압수하기 시작했다. 그때 실록은 조선총독부와 동경제국대학 창경궁 장서각 등지로 옮겨졌다. 뿐만 아니라 일제는 고종과 순종의 실록을 편찬하기 시작했다. 당시 편찬위원 33명 중에 일본인이 11명이나 되었고 나머지 22명의 한국인들도 대부분 친일파 인사들이었다. 고종과 순종시대의 역사는 그렇게 일제의 시각대로 왜곡되었던 것이다. 해방이 되자마자 6·25가 터지고 실록은 다시 피난열차에 실려 소실의 위기를 맞았지만 당시 서울대학교병원 원장이 이조실록 강화본을 싣고 내려가 전해질 수 있었다. 서울대 규장각에는 지금까지 실록과 함께 역사의 파고를 넘어온 상자까지 고스란히 보관되어 있다. 조선왕조실록은 바로 그 숱한 고비를 넘기며 우리에게 전해져 온 소중한 유산인 것이다.

하지만 그 위대한 역사기록의 전통은 부끄럽게 오늘날 우리에게는 거의 이어지지 않고 있다. 역사를 다시 보는 가장 중요한 이유는 단순히 지나간 사실을 다시 말해주는 것이 아니고 오늘날 우리의 삶의 거울이기 때문이다.

　해인사에 있는 이 팔만대장경은 고려 때 불경을 집대성한 것으로, 정식 명칭은 고려 대장경이다. 하지만 경판 수가 8만 여장에 달해서, 흔히들 팔만대장경이라고 부르고 있다. 8만장의 경판은, 경판 한 장의 두께가 4cm이므로, 이것을 전부 쌓으면 높이가 무려 3200m에 달한다. 백두산 높이보다도 훨씬 높은 셈이다. 글자수도 대단한 분량이다. 경판 하나에 새겨진 글자 수는 대략 300자

해인사 대장경판

정도. 전부 합치면 5천만 자나 된다. 뜻을 생각하면서 읽을 때, 하루에 읽을 수 있는 자수가 대략 4~5천 자 정도 된다고 할 때 이 전체를 읽어내는 데는 30 년이란 세월이 걸리게 된다.

　팔만대장경은 질적으로도 아주 우수하다. 마치 숙달된 한 사람이 이 모두를 만든 것처럼 판각 수준이 뛰어나고, 오자나 탈자도 거의 없다. 또한 근래

만든 것처럼 상태도 아주 양호하다. 그래서 이것은 '목판 인쇄술의 극치다', '세계의 불가사의다'. 이런 찬사를 받고 있다.

제작과정을 알아보자. 경판의 목재는 뻘밭에 3년 간 묻었다가 사용했다고 한다. 벌목한 나무는 오래 방치해야 숨이 죽는데, 이때 자연 상태에선 갈라지기가 쉽다. 하지만 뻘에 묻어두면 갈라지지 않으면서, 나무결도 삭혀진다. 그래서 판각하기엔 더없이 좋은 목재가 되는 것이다. 주로 많이 이용된 나무는 산벚나무였고 우리나라에 흔한 수종이다. 통나무는 경판 크기로 켜서 다듬는다. 그런 다음 판각에 들어가는데, 먼저 필사본을 뒤집어 붙인다. 그래야만 나중에 인쇄할 때 글자가 바로 찍히게 된다. 필사본 위엔 들기름을 한차례 먹인다. 기름 먹은 종이는 글자가 뚜렷하게 살아난다. 이 기름이 마르면 조각을 한다. 조각은 글자만 두드러지도록 돋을 새김을 하는데, 선이 워낙 복잡해서 꽤나 까다롭다. 이 때 정성만큼이나 조각칼도 중요한 몫을 한다.

마구리는 인쇄할 때 손잡이용. 아울러 경판을 보관할 때, 글자 면이 서로 닿지 않도록 사이를 떼어놓는 역할까지 한다. 또한 경판의 네 귀퉁이엔 금속이 부착돼 있다. 이것은 단순한 장식만은 아니다. 판을 단단하게 고정시켜, 오래되어도 판이 뒤틀리지 않도록 만든 것이다. 그리고 경판들엔 특별한 보존처리가 하나 더 있다. 이것을 순천대에서 확인해볼 수 있었다. 보존 처리는 바로 옻칠이었다. 현미경으로 들여다본 이 화면에서, 노랗고 투명한 부분이 옻칠의 단면이다. 층이 나 있는 걸로 봐서, 옻칠도 두세 번씩 했던 것이다. 옻칠은 방부와 방충효과 외에도 방수가 뛰어나고 화학적인 내성도 강하다.

경판의 제작시기는 13세기, 그때만 해도 세계문명권의 대부분은 아직 일일이 손으로 베껴 쓰는 수준을 벗어나지 못하고 있었다. 그런데 고려는 목판을 이용한 인쇄문화를 발전시켰고, 그 뛰어난 기술은 바로 이 대장경에 집약돼 나타났던 것. 그러니까 당시로선 세계 첨단을 달리는 고려의 하이테크였던 것이다.

제작기간은 어떻게 될까? 순수하게 제작기간만 12년, 대장경을 만들겠다는 뜻을 세우고, 사전 준비를 거쳐 완성하기까지 합하면 총 16년이란 세월이 걸렸다는 것을 알 수가 있다.

팔만대장경의 경판 하나하나엔, 그리고 글자 한 자 한 자엔 고려의 총력이 담겨있다. 그런데 이 경판이 만들어지던 때는 고려가 몽고와 전쟁을 치르던 중이었다. 대제국 몽고와의 전쟁 와중에 고려 최대의 프로젝트였던 대장경 간행사업이 진행됐다. 그 이유는 과연 무엇일까?

이규보문집에 실린 글을 보면 '지난 현종 때 거란이 쳐들어왔다. 그때 대장경을 새기면서 거란이 스스로 물러갔다. 어찌 그때만 거란이 물러가고 지금의 몽고는 물러가지 않겠는가?' 그러니까 부처님의 힘에 기대 몽고를 물리치고자 대장경판을 새로 만들었던 것이다. 하지만 이유는 그뿐이었을까? 당시의 집권자 최우는 민심을 수습하는 방편으로 대장경 사업을 벌였던 것으로 보인다. 하지만 이 일을 완성해낸 건, 고려인 전 계층의 불심과 나라를 지키고자 하는 마음이었다. 전 계층이 참여했던 것이다.

경판을 보관하고 있는 장경각은 지난 1995년 유네스코가 지정한 세계문화유산에 등록되기도 했다. 원래는 강화도에 있던 것을 왜구로부터 보호하기 위해 합천으로 옮겼다. 물론 판각이 완성된 뒤에도 몽고의 침입은 계속됐고 결국 고려는 강화를 맺어야만 했다. 그 뒤로 100여 년간 간섭·지배를 받아야 했다. 하지만 오늘 우리가 봤듯이, 이 경판에는 분명 고려인 전체의 불심과 호국정신, 그리고 뛰어난 인쇄술과 문화민족으로서의 자부심이 담겨 있다.

국가의 근간을 상징하는 종묘. 태조의 즉위교서 제1항은 바로 이 종묘를 세우라는 것이었다. 조선왕조 500년 동안 하나의 상징으로 이어져 내려왔다. 과연, 종묘의 숨겨진 의미는 무엇일까?

종묘 안에는 왕들의 신위가 모셔진 정전을 비롯해서 영녕전과 공신당 및 재궁(제사 준비처) 등의 건물이 있다. 재궁은 제사를 지내기 위해서 종묘에 온 왕이 잠시 머물던 곳이다. 이곳에서 왕은 모든 제사 준비가 끝나기를 기다려서 정전으로 행차를 했다고 한다. 가운데 문은 항상 닫아 놓는다. 임금만이 출입하는 문이기 때문이다. 여타 제관들은 동문으로 들어가고 나올 때는 서문으로 나온다.

동문으로 들어가면 종묘의 정전이 모습을 나타낸다. 그 안에 신위들이 모셔져 있는데, 신실문神室門을 열어야 볼 수

종묘 정전

있다. 신실문은 1년에 한 번, 종묘대제를 지낼 때만 열린다. 제일 첫 번째 칸에 모셔져 있는 게 태조의 신실이다. 왕들의 신위가 들어있는 감실은 장막으로 가려져 있다. 장막은 모두 세 개. 세 개의 장막을 차례로 걷어내도 그 뒤에 발이 쳐 있다. 발을 올려야만 신위를 볼 수 있다. 신위는 깨끗한 천으로 덮여 있다. 이 천을 적원이라고 부르는데 왕은 하얀색, 왕비는 청색이다. 조선을 건국한 태조의 신위. 영들이 드나들 수 있도록 구멍을 낸 신위에는 묘廟에 붙이는 이름인 묘호와 왕의 공적을 요약한 존호가 쓰여져 있다. 이런 식으로 현재 종묘에는 모두 34명의 왕과 그 왕비들의 신위가 모셔져 있다.

그러나 모든 왕이 그렇게 종묘에 모셔진 것은 아니었다. 어떤 경우에는 아예 신위조차도 모셔지지 않았고, 또 어떤 경우에는 왕으로 재위하지 않았는데도 왕으로 추존돼 종묘에 신위가 모셔진 경우도 있다. 왜 그랬을까? 그것은 바로 종묘의 의미와 직결돼 있다. 조선시대, 왕이 승하한다고 해서 곧바로 종묘에 모셔지는 것은 아니었다. 소상, 대상을 치를 때까지 빈청에 신위를 모셨던 것이다. 왕이 승하하면 신하들은 의논해 왕의 묘호와 존호를 정한다. 그리고 삼년상이 지난 뒤 신위를 종묘에 부묘한다. 조선의 역대 왕들은 모두 이런 절차를 거쳐서 종묘에 모셔졌다. 그런데 이상한 것은 신위가 모셔지지 않은 왕들이 있다는 것이다. 바로 연산군과 광해군이다. 백성을 도탄에 빠뜨리고 나라를 위급에 빠뜨린 그런 임금인 경우에는 폐위되어 정통성을 잃었기에 종묘에 모셔지지 않았다.

하지만 단종의 경우에는 폐위됐음에도 종묘에 신위가 모셔져 있다. 단종이 복위되고 종묘에 모셔진 것은 숙종 때였다. 이것은 단종이 폐위될 만한 이유가 없었음에도 폐위된 것이 오히려 왕조의 정통성에 흠집을 내는 것이기 때문이었다. 이렇게 종묘는 왕실의 정통성을 세우기 위한 제도였다.

종묘의 신위에 관한 또 하나의 의문은 왕으로 재위한 일이 없었음에도 신위가 모셔진 경우가 있다는 것이다. 바로 세조의 아들 덕종, 정조의 아버지 사도세자 장조, 그리고 사도세자의 형 진종, 인조의 아버지 원종 등 추존된 왕들이다. 그렇다면 왜 이들을 왕으로 추존해야 했을까? 인조의 아버지 원종이 추존 된 과정을 살펴보자. 반정으로 왕위에 오른 인조는 표면적으로 할아버지 선조의 대통을 계승하는 것이었다. 그리고 이것은 정통성에 있어서 약점으로 작용할 소지가 있었다. 하지만 원종 추존 없이도 인조의 정통성에는 문제가 없다는 쪽과 반드시 원종 추존이 필요하다는 쪽의 주장이 맞섰다. 원종 추존에 대한 양측의 논쟁은 그 후 10여 년을 더 끌게 된다. 그리고 결국, 원종을 추존하는 쪽으로 결말지어진다.

현재 종묘의 정전에는 모두 19명의 왕들이 모셔져 있다. 그런데 태조부터 순종까지 역대 조선 임금의 숫자는 27명이다. 폐위 된 연산군과 광해군을 빼더라도 그 숫자가 맞질 않는다. 그렇다면 나머지 왕들은 어디에 있는 것일까? 그곳은 바로 영녕전이라는 곳이다. 왜 모두 정전에 모시질 않고 따로 영녕전이라는 곳을 만들었을까? 그리고 어떤 왕은 정전에다 모시고, 또 어떤 왕은 영녕전에다 모셨을까? 세종이 즉위할 때만 해도 종묘 정전에는 태조와 그의 4대조, 목조, 익조, 도조, 환조의 신위가 모셔져 있었다. 따라서 신실 5칸이 모두 차있었다. 그런데 세종 3년, 정종의 신위를 봉헌할 시기가 됐다. 하지만 신실 5칸이 모두 차 있었기 때문에 정전의 신위를 이동해야 했다. 여기서 생각해 낸 방법이 중국 송나라 때 일시적으로 사용됐던 별묘 제도를 가져와 영녕전을 짓는 것이었다. 그 후 영녕전으로 목조의 신위가 옮겨지고 정전에 정종의 신위가 부묘됐다. 그리고 차례로 익조, 도조, 환조의 신위가 옮겨지게 된다. 종묘 정전에서 영녕전으로 옮겨지는 시기는 대체로 5대가 지난 시점을 기준으로 삼았다. 이렇게 종묘에 있는 신위를 영녕전으로 옮기는 것을 조천이라 했다.

그런데 5대가 지나도 영녕전으로 옮기지 않고 정전에 그대로 모시는 왕들이 있었다. 바로 불천지주들이다. 지금까지 불천지주로 정전에 모셔진 왕은 태조, 태종, 세종, 세조, 성종 등 19명의 왕이다. 그러면 불천지주를 정하는 기준은 무엇이었을까? 성리학적 질서를 어떻게 정치로 구현했느냐가 가장 크게 작용했다. 물론 정치적인 고려도 있었지만 말이다.

조선시대 그 수많은 시설과 기록들을 유실했던 임진왜란, 병자호란 두 차례의 국난을 치르면서 종묘의 신위들은 어떻게 안전할 수 있었을까? 1592년, 왜군이 부산을 거쳐 파죽지세로 북상하자 선조는 종묘의 신위를 수습해 개성으로 피난했다. 한양을 함락한 왜군은 종묘를 주둔지로 삼았다. 하지만 종묘에서는 밤마다 이상한 울음소리가 들리고 왜군 병사들이 이유 없이 죽는 일들이 일어났다. 이에 놀란 왜군은 종묘를 불태우고 주둔지를 숭례문 쪽으로 옮겼다. 그 뒤 종묘의 재건은 광해군 대에 와서 경복궁보다 앞서 이루어졌다. 여기서 종묘가 얼마나 중요했는지를 짐작할 수 있다. 그런데 임진왜란을 무사히 넘긴 것과는 달리, 병자호란 당시 신위는 수난을 겪는데 그 과정에서 몇 개의 신위는 훼손되고 말았다. 물론 그 책임자는 중벌을 면치 못하였다.

그런데 종묘에는 왕들만 모셔져 있는 것이 아니라 83명이나 되는 배향 공신도 모셔져 있다. 그곳이 바로 공신당이다. 공신당은 종묘 정전을 중심으로 월대 밑 오른쪽에 자리 잡고 있다. 현재 이곳에 모셔진 위패는 모두 83위. 왕이 종묘에 모셔질 때 그 배향 공신으로 정해진 사람들이다. 83명의 배향 공신 중에는 이이, 이황, 송시열 등의 학자와 한명회와 같은 공신들이 포함돼 있다. 태조의 경우에는 개국 공신이라 일컬어지는 조준, 조인옥, 이지란 등 7사람의 위패가 배향돼 있다. 그런데 이상하게도 개국 공신 중에 공신인 정도전이 빠져 있다. 그것은 정도전이 왕자의 난 때 후일 태종이 된 이방원에 의해 제거됐기 때문이다. 태종은 태조가 승하하자 태조의 배향 공신을 정하는 문제를 대신들과 의논한다. 이 자리에서 정도전은 아예 언급조차 이루어지지 않았고 조인옥, 조준, 이지란, 이화 등 4명이 결정된다. 그런데 정도전과 함께 이방원에 의해 죽임을 당한 남은은 현재 공신당에 모셔져 있다. 그것은 세종대 이르러 태조의 배향 공신을 일곱명으로 늘리면서 남은이 포함됐기 때문이다. 이렇게 배향 공신을 정하는 문제는 정치적인 차원에서 이루어지기도 한다. 그 양상은 당쟁이 격화되던 시기에 두드러진다.

유네스코는 종묘를 세계문화유산으로 지정했다. 과연 종묘의 무엇이 세계문화유산으로써의 가치를 인정받은 것일까? 종묘가 뛰어난 고대 유산이며 세계적으로 매우 독특하고 잘 발달된 유교 전통적인 묘라는 사실뿐만 아니라 특히 한국인의 역사와 관련하여 많은 역사적 사건이 있었다는 사실 때문이다. 게다가 아직도 조상의 삶을 기리고 조상에게 바치기 위해 춤과, 노래, 제사로 행해지는 전통 의례가 있다는 점이라고 한다.

종묘에 있는 고려 공민왕의 사당

　종묘에는 고려 31대 국왕인 공민왕(1330~1374)을 모신 곳이 있다. 종묘의 정문인 외대문을 들어가 50m 정도쯤 오른쪽에 보이는 건물인 망묘루. 그 옆에 정식 명칭으로는 '고려 공민왕 영정 봉안지당高麗 恭愍王 影幀 奉安之堂', 보통 '공민왕 신당神堂'이라고 부르는 자그마한 사당이 있다. 조선이 창업된 직후인 1395년(태조 4년) 종묘를 세울 때 함께 건립했다. 조선의 국가사당인 종묘에 망한 왕조 국왕의 사당을 세운 이유는 무엇일까? 태조 이성계의 정치적인 목적을 위해서였다. 위화도 회군으로 우왕을 몰아내고 이후 창왕·공양왕까지 갈아치우며 조선왕조를 열었지만 정통성 문제에 시달렸다. 이에 공민왕 시대로의 복귀를 명분으로 내세운 것이다. 100여년에 걸친 몽골 간섭에서 벗어나 자주·개혁정치를 편 사람이 공민왕이다. 공민왕 신당은 고려와 조선의 정치는 연속성을 가진다는 점을 부각하려 한 셈이다.

한글

KBS 한글반포 550돌 기념영화, 1996. 10. 9.

"세종대왕 문맹퇴치상은 15세기 조선왕조의 임금이었던 세종대왕의
이름을 따서 제정된 것입니다. 그 분은 한국어를 표기하는 한글 알파벳
을 만드셨습니다. 올해는 한글 창제 550돌입니다. 올해의 세종대왕상 수
상자는 본상에 사우디아라비아의 국방항공부 군교육문화국과 자이르의
디브와디아 디툼바 유네스코 클럽이 선정되었습니다."

장소원 교수(한국방송대학 국문학과) : King 세종 Price. 여러분께서는 유네스코
가 제정한 세종대왕 문맹퇴치상의 금년도 수상자 발표 장면을 보셨습니다.
세종대왕의 이름을 딴 상이 이처럼 나라 밖에서 시상되고 있는데 과연 우리
는 한글 창제의 참뜻을 바로 깨닫고 있고 한글의 참된 가치를 제대로 알고 있
는 것일까요? 정말 한글은 세계 으뜸의 과학적인 글자인지 특히 정보화시대
에 걸맞은 것인지 한번 알아보도록 하겠습니다.

1996년, 올해는 세종대왕께서 한글을 창제하여 반포하신 지 550돌이 됩니
다. 세계인들이 감탄하고 있는 한글 정작 주인이 우리가 오히려 너무 모르고

지내고 있는 것은 아닌지 반성이 앞섭니다. 우리는 이 지구상에서 유례를 찾아 볼 수 없을 정도로 우수한 글자를 만들어주신 세종대왕 덕분에 온 세계인들이 부러워하고 감탄하는 한글을 사용할 수 있게 되었는데요, 그럼 먼저 이 세종대왕 문맹퇴치상이란 어떤 것인지 유네스코 한국위원회 사무총장님의 말씀을 들어보도록 하겠습니다.

차인석(유네스코 한국위원회 사무총장) : "국제연합 교육과학 문화기구에서는 지구촌의 문맹을 퇴치하기 위해 1989년에 이 세종상을 처음 제정해서 해마다 문맹퇴치에 공로가 큰 단체나 개인에게 이 상을 주고 있습니다. 한글은 아주 배우기 쉬워서 하루아침에 배운단 뜻에서 아침글이라고 했죠. 오늘날 우리나라가 세계에서 가장 문맹자가 없는 것으로 알려져 있습니다. 세계가 이를 인정해서 상을 제정하게 되었는데 King 세종 Price 얼마나 자랑스러운 일입니까?"

장소원 교수 : 세계가 인정하는 우리 한글, 우리를 당혹케 하는 일은 또 있습니다. 미국 시카고 대학에서 언어학을 가르치는 매콜리 교수는 해마다 10월 9일 한글날이 되면 학생과 다른 언어학자들과 함께 한글날 기념식을 갖는다고 합니다.

제임스 매콜리 교수(미국 시카고대학) : "저는 세계언어학계가 한글날을 찬양하고 공휴일로 기념한 것은 아주 당연하고 타당한 일이라고 생각합니다. 그래서 저는 지난 20여 년 동안 해마다 한글날을 기념하고 있습니다. 동료 언어학자들과 학생들 그리고 여러 가까운 친구들을 초대해서 갖가지 한국 음식을 차려 놓고 우리 모두의 한글날을 축하해 왔으며 앞으로도 그렇게 할 것입니다."

장소원 교수 : 세계적인 언어학자 매콜리 교수는 한글날은 세계인 모두가 축하해 마땅한 우리들의 공휴일이기에 매년 기념한다고 했습니다. 이제 한글 날은 우리만이 축하하고 기념하는 단계를 넘어서서 뜻있는 세계인의 축복일 이 되어 있음을 실감합니다. 자 그럼 세종께서는 어떤 뜻을 지니고 온 세계가 찬양하는 문자를 만드셨는지 훈민정음 연구의 원로이신 강신항 선생님께서 말씀해 주시겠습니다.

강신항 교수(성균관대학 국어국문학과) : "세종대왕께서는 백성들이 자기 뜻을 마음대로 나타낼 수 있고 외국어와 한자음도 제대로 적을 수 있는 음성문자 를 손수 만들어서 백성을 깨우치고 유교와 불교의 경전도 번역해서 백성들을 교화하여 이상적인 정치를 펴시려고 했던 것입니다. 세계의 여러 글자 가운 데에서 훈민정음처럼 만든 분이 뚜렷하고 만든 뜻이 분명한 글자는 아주 드 문 예에 속합니다."

장소원 교수 : 세종 임금님은 집현전 여덟 분 학사분들과 함께 새로운 글자 를 만드는 작업에 착수를 했습니다.

1446년 10월 상한 마침내 한글이 창제돼 온 누리에 반포됐습니다.

안병희 교수(서울대 국문학과) : "세종 임금이 훈민정음 곧 한글을 반포하실 때에 같은 이름의 책, 곧 훈민정음이라는 책을 이 세상에 출판을 했습니다. 이 책으로 해서 우리는 훈민정음을 왜 세종이 만들었고 훈민정음의 문자는 얼마 나 되고 그 체계가 어떠하고 또 문자를 만든 원리가 무엇이고 그 사용법이 어 떠하다는 것을 알 수 있습니다. 그래서 이것은 우리나라, 우리 민족의 자랑일

나랏말ᄊᆞ미 中듕國귁에달아 文문字ᄍᆞ와로서르ᄉᄆᆞᆺ디아니ᄒᆞᆯᄊᆡ 이런젼ᄎᆞ로어린百ᄇᆡᆨ姓셩이니르고져 홇배이셔도 ᄆᆞᄎᆞᆷ내제ᄠᅳ들시러펴디몯ᄒᆞᇙ노미하니라 내이ᄅᆞᆯ爲윙ᄒᆞ야어엿비너겨 새로스믈여듧字ᄍᆞᄅᆞᆯ밍ᄀᆞ노니 사ᄅᆞᆷ마다히여수ᄫᅵ니겨날로ᄡᅮ메便뼌安ᅙᆫ킈ᄒᆞ고져ᄒᆞᇙᄯᆞᄅᆞ미니라

뿐 아니라 세계 인류의 문화유산으로서 내 놓아서 조금도 손색이 없습니다."

500여 년 동안이나 그 자취를 몰랐던 이 희귀한 국보를 이렇게 볼 수 있게 된 것은 참으로 뜻깊은 일입니다. 세종대왕이 이처럼 위대한 한글을 만드실 수 있었던 것은 무엇보다도 과학적 정신과 탐구심이 뛰어났기 때문입니다. 세계 최초로 측우기를 만들었고 해시계와 물시계를 발명한 과학자였습니다. 특히 오늘날 정보과학자들이 놀라는 것은 봉수대에 다섯 가지 색다른 봉화를 올려서 전국에 위급 시에 통신망을 구축했다는 사실입니다.

"다섯 개 봉수대에서 나오는 불기둥과 연기를 이용하면 거의 제한 없
이 긴급통신이 가능했다."

세종대왕은 즉위하던 해에 외적의 침입을 재빨리 보고받고 또 조정의 명령을 신속히 변방에 전달하기 위해 다섯 개의 봉수대를 축조해 통신수단으로 이용했습니다. 전파통신 공학자인 진용옥 교수는(경희대학 전파공학계열 교수) 이러한 다섯 단위 봉수제도는 오늘날의 5비트 디지털 광컴퓨터와 같은 원리

로 제작된 세계 최초의 통신체계라고 말합니다.

이러한 사실은 세종대왕이 500여 년 전에 이미 현대의 컴퓨터 원리를 터득해 활용한 위대한 과학자임을 실증하는 대목이라 할 것입니다. 세종대왕은 한글을 만드는 데 그치지 않고 그것을 널리 보급하는 데에도 열성을 보이셨습니다. 한자로 쓰던 공문서를 한글로 쓰게 했고 과거시험에도 한글제목을 넣었습니다. 한자음 또는 중국음을 한글로 적어 정리하고 체계화하기도 했습니다. 세종 임금과 그 뒤를 이은 몇 대의 임금은 약 50년 동안 용비어천가를 비롯해서 『석보상절』·『월인천강지곡』·『월인석보』 등을 한글로 짓게 했으며 『금강경언해』 같은 불경을 한글로 번역했고 『삼강행실도』·『두시언해』 등도 번역해서 한글을 널리 폈습니다. 이처럼 한글창제 초창기에는 선비나 일반 서민 할 것 없이 모두가 한글로 글자 생활을 할 수 있도록 온힘을 기울였습니다. 그밖에 세종대왕은 사역원으로 하여금 중국어·몽골어·여진어·일본어 등 주변의 외국말을 한글로 번역케 해 한자를 잘 모르는 사람들도 외국문물을 쉽게 익히도록 했습니다. 한편으로 한글창제 당시 이미 중국어나 몽고어·만주어 등의 발음을 표기할 수 있는 특별문자를 만들었습니다. 우리말을 적을 수 있는 24글자 외에 외국말 발음 표기에 사용할 수 있는 글자까지 추가로 만들어 쓰게 했던 것입니다. 이는 한글을 세계문자로까지 만들겠다는 세종 임금의 높은 이상을 말해주는 대목입니다.

이런 한글 창제자의 높은 이상을 이어받아 오늘날 세계의 모든 음성을 한글로 표기하는 방안 곧 한글을 국제음성기호로 쓰자는 제안을 한 박양춘이란 학자도 있습니다.

장소원 교수 : 이렇게 한글은 창제되었던 초창기에는 상하귀천 없이 보급되어 쓰였고 외국 글과 불경을 번역한다든지 전서하는 데에도 활발히 쓰였습니

다. 그러나 1500년을 전후한 연산군 시대를 고비로 한글은 억눌림을 당하면서 언문이니 암클이니 하는 이름으로 불리면서 아녀자와 서민들 사이에서 겨우 명맥을 유지하고 있었습니다. 그러다가 1800년대에 이르러 이 땅을 몰래몰래 찾아들었던 서양 선교사들이 한글의 참된 가치를 먼저 발견하게 되었고 자신들의 신학과 교리를 전파하는 데에 이 한글을 사용했습니다.

천주교에서는 1800년대 중반기부터 『주교요지』·『성경직해』 등 많은 교리서나 기도서를 순 한글로 써서 보급하기 시작했습니다. 성경이나 교리는 어려운 신학과 철학이 곁들인 종교사상인데도 선교사들은 한글을 써서 쉽게 풀이해 보급했습니다.

개신교 선교사들도 1880년대 후반부터 한글로만 성경을 번역해 널리 보급했습니다(『예수성교전서』). 이렇게 한글은 기독교 사상을 이 땅에 펴는 중요한 수단이 됐으며 나아가 개화사상을 일깨우는 촉진제가 됐습니다.

19세기 말엽 개화의 물결을 타고 한글은 한자의 굴레를 벗어나 대우를 받기에 이르렀습니다. 갑오경장을 전후하여 고종임금은 한글을 국문, 곧 나라글로 인정했고 마침내 법률칙령은 다 국문으로 본을 삼은 뒤 한문번역을 붙이거나 국한문을 혼용해야 한다고 공표했습니다. 이때를 기점으로 한글이 점차 널리 쓰이게 됐으며 순수한 한글신문까지 나오게 됐습니다. 서재필 박사(1866?~1950)가 발간한 『독립신문』(1896~1898)은 한글시대 지평을 여는 횃불이었습니다. 주시경 선생(1876~1914)은 개화기에 한글과 국어의 중요성을 깊이 깨닫고 연구하고 실천한 선각자였습니다. 선생은 각 나라가 잘 되고 못됨은 말의 잘되고 못됨에 달려있다는 신념을 가지고 나라 말과 글을 바로 세우는 일에 온 정성을 바쳤으며 국어 강습소를 열어 최현배(1894~1970)와 같은 훌륭한 제자들을 많이 길러 한글시대의 터를 닦았습니다. 한글의 연구와 한글문화 보급에 온 정성을 다했던 선생께서는 말과 글이 민족정신과 직접 관계가 있음을 인식했습니다.

일본총독부는 바야흐로 온 국민의 사랑을 받기 시작한 한글을 우리말과 함께 말살하려고 했습니다. 그들은 한글의 위대한 힘을 누구보다도 잘 알았기 때문입니다. 조선어학회사건은 일제가 우리말과 글을 없애기 위한 조작극이었습니다. 무고한 학자와 회원들을 민족주의자로 몰아 투옥하고 혹독한 고문을 했으며 이로 말미암아 끝내 옥중에서 돌아가신 분들도 있었습니다. 이윤재(1888~1943), 한징(1887~1944), 이극로(1893~1978).

한글학회

허웅(한글학회 회장) : "오늘날 우리가 한글을 가지고 이렇게 편리하게 글자살이를 할 수 있게 된 것은 첫째가 성군이신 세종 임금님의 한글 창제 덕분이지만 그밖에도 한글을 위해 목숨까지 바치신 선대 학자와 선각자들이 계셨기 때문입니다. 그러나 우리 한글은 아직까지 제 글자로서의 기능을 완전히 발휘하지 못하고 있습니다. 외국에서는 오히려 이 글자가 아주 훌륭한 글자라는 것을 인식을 다 하고들 있는데 우리나라 안에서는 그것만큼 그렇게 이 글자에 대한 가치평가를 잘 하지 못하고 있는 것 같습니다. 우리들은 옛날에 우리 선각자들이 목숨을 걸고 이 글자를 지키고 싸워온 그 정신으로 앞으로 이 글자가 충분히 제 기능을 발휘 할 수 있도록 있는 힘을 다 해야 될 줄로 생각을 합니다."

국립국어연구원

　마침내 우리는 선각자들이 지켜온 한글을 마음껏 연구하고 쓸 수 있는 시대로 접어들었습니다. 국립국어연구원을 비롯한 많은 연구소와 학자들은 우리말과 글을 꾸준히 연구할 뿐 아니라 맞춤법이나 표준말을 가다듬어 국어생활을 올바로 이끌어 가고 있습니다. 한편 남북언어 차이를 극복하고 통일시대를 대비한 연구와 국어대사전도 마련하고 있습니다.

　오늘날 우리는 한글이 없는 삶은 상상 할 수 없습니다. 문학·학문 그리고 모든 우리의 삶은 한글로 손쉽게 표현하고 읽히고 있습니다. 아주 어린아이들조차도 한글은 쉽고 재밌게 익히고 있습니다. 취학 전에 이미 한글을 깨우친 대다수의 한국 어린이들, 그 아이들이 빠르게 한글을 칠 수 있는 컴퓨터에 관심을 갖는 것은 너무나 당연한 일이겠지요. 그러나 아직은 편지와 같은 정겨운 글은 손으로 직접 쓰는 아이들도 많이 있습니다. 이미 천만 대에 가까운 개인용 컴퓨터의 보급 기록을 갖고 있는 우리나라. 이것은 우리의 한글 문화가 날로 발전하고 있음을 말해줍니다.

　그러면 한글이 과연 어떤 특성을 가졌기에 세상에서 으뜸가는 글자로서 각광을 받고 있는 것일까요? 먼저 그 창제 원리를 알아보도록 하겠습니다.

　한글의 모음은 동양철학 음양설의 삼재, 곧 하늘·땅·사람을 상징하는 기본글자를 바탕으로 만들었습니다.

　하늘을 상징하는 '·', 땅을 상징하는 'ㅡ', 사람을 상징하는 'ㅣ'. 모음은 이 세 가지 기본글자를 어울러서 만들었습니다.

　　모음글자　　ㅏ ㅑ ㅗ ㅛ ㅡ ㅓ ㅕ ㅜ ㅠ ㅣ

자음은 오행설과 발성기관의 모습을 본 따서 만들었습니다.

아음, 엄소리는 'ㄱ'을 기본으로 삼아 만들었습니다. (ㄱ ㅋ ㄲ)

설음 혀소리는 'ㄴ'을 기본으로 삼아 만들었습니다. (ㄴ ㄷ ㅌ ㄸ)

순음 입술소리는 'ㅁ'을 기본으로 삼아 만들었습니다. (ㅁ ㅂ ㅍ ㅃ)

치음 이소리는 'ㅅ'을 기본으로 삼아 만들었습니다. (ㅅ ㅈ ㅊ ㅆ ㅉ)

후음 목구멍소리는 유음 동그라미를 기본으로 삼아 만들었습니다. (ㅇ ㅎ)

그밖에 반설음과 반치음을 만들었습니다.

이익섭 교수(서울대학 국문학과) : "한글은 세계 문자사에서 그 유례를 찾아보기 힘든 매우 독창적인 문자입니다. 28자를 뿔뿔이 따로 만든 것이 아니고 먼저 기본글자를 만들고 나머지 글자들을 거기서 파생시킨 방법이며 기본글자를 자음의 경우 발음기관에서 본뜬 발상이며 또 자음·모음자를 풀어쓰질 않고 음절단위로 다시 묶어서 쓴 발상이 놀라운 것입니다."

한글을 비롯한 세계 여러 나라 문자를 깊이 다룬 문자체계라는 책의 저자인 영국의 샘슨 교수의 말을 들어보겠습니다.

지오프레이 샘슨 교수(영국 서섹스대학 인지전산과학부) : "한글은 음성기관의 소리나는 모습을 따라 체계적으로 창제된 과학적인 문자일 뿐만 아니라 더 나아가 문자 자체가 소리의 특질을 반영하고 있습니다. 예를 들면은 영어의 't'와 'n'이라는 글자는 소리를 갖고 있지만 그것이 음성기관의 모습과는 아무런 관련이 없습니다. 그러나 한글의 'n'에 해당하는 'ㄴ'은 혀가 잇몸에 닿는 모습을 본 따 만들었고 또 't'에 해당하는 'ㄷ'은 'ㄴ'에 한 획을 더하여 같은 자리에서 소리 내는 것을 나타내고 있습니다. 한글의 각 글자는 이런 방식으로 발성기관의 모양을 따서 만들게 된 것입니다. 세계의 다른 문자에서는 그런 과학적 원리를 발견할 수 없습니다."

로버트 램지 교수(미국 메어리랜드대학) : "한국어는 미국에서 가장 중요시하는 5대 언어 가운데 하나로서 대학입학시험 과목으로 채택이 되었습니다. 거기에 따라 한글은 색다른 호기심을 넘어서 관심의 초점이 된지 오래입니다. 저 같은 서양 사람들로 볼 때 한글은 세계 어느 문자에서도 볼 수 없는 놀라운 특성이 있습니다. 서양에서 쓰고 있는 알파벳은 발명된 것이 아니라 오랜 세월 동안 수많은 사람들을 통하여 전해져서 형성된 것입니다. 이와는 달리 한글은 실제로 발명된 것입니다. 특히 세종대왕이 음절을 세분, 곧 초성·중성·종성으로 나눈 것은 참으로 놀라운 발견이었습니다. 그 당시 중국 운학에서도 음절을 그와 같이 자음·모음으로 분석하는 방법을 몰랐거든요. 한글창제자가 이렇게 자소 분석을 한 것은 굉장한 일이었죠. 그것이 바로 한글이 세계에서 가장 멋진 알파벳 글자가 되게 한 근본이었으니까요."

김영기 교수(미국 조지 워싱턴대학) : "외국의 많은 문자학자들뿐만 아니라 한국어 학습자들이 거의 예외 없이 놀라는 점은 한글이 한 음소에 한글자만 있을 뿐만 아니라 음운학적으로 관계있는 여러 글자들이 비슷한 꼴을 지니고 있어서 한국어를 외국어로 공부하는 이들에게 아주 인상적이고 능률적인 학습을 가능하게 한다는 점입니다. 자음의 기본글자에 획을 더하거나 같은 자를 겹쳐 쓰는 원칙을 적용하면 다섯 개의 기본자음만 가지고도 무한한 수의 자음을 생성할 수 있게 됩니다. 모음 또한 기본글자 세 개가 두 개 또는 세 개씩 한데 어우러지면 여러 가지 중성을 표기할 수 있습니다."

우메다 히로유기 교수(전 도쿄외국어대학 조선어학과) : "세상의 글자는 크게 세 가지로 발달돼 있습니다. 한자와 같은 뜻글자, 일본의 가나와 같은 음절문자 그리고 로마자나 한글과 같은 음소문자가 그것입니다. 이들 글자들은 만들어진 시대상으로 차이가 있을 뿐만 아니라 기능상에도 차이가 있습니다. 그런데 한글은 세계에서 가장 발달된 음소문자이면서도 로마자 보다 한층 차원이 높은 자질문자입니다. 이것은 한글이 세계에 자랑할 만한 특징입니다."

그 밖에도 하와이대학 언어학과의 오그래디 교수, 미국 UCLA의 생화학과 다이아몬드교수, 캐나다의 돈 베이커 교수 등 수많은 외국학자들이 이구동성으로 한글의 우수성을 증언하고 있습니다.

장소원 교수 : 결국 한글은 세상에서 둘도 없는 철학적이고 과학적인 글자이며 그 글자의 주인인 우리 민족은 가장 뛰어난 지적위상을 가지고 있다고 말할 수 있습니다. 따라서 한글은 이제 더 이상 우리겨레만의 것이 아닙니다. 우리의 국력이 점차 신장되면서 세계도처로부터 한글과 우리말을 배우러 오는 사람들이 늘어나고 있습니다.

"먼저 듣고 따라하세요, 이번 연휴에는 뭘 하실 거예요?"
"이번 연휴에는 뭘 하실 거예요?"

한국에 유학 온 외국학생들이 각자의 전공학문을 수학하기 전에 우선 한글과 한국어를 배웁니다. 또한 이 땅에서 일하는 외교관이나 사업가·종교인·군인들도 한국말을 열심히 배우고 있습니다. 그들의 진지한 학습태노에 강사진 역시 열성을 다합니다.

한글의 세계화 관련 국제학술대회

1996년 6월, 프랑스 파리에서는 한글반포 550돌을 기념해서 한글문화를 세계에 확산시키기 위한 국제학술대회가 열렸습니다. 한글문화의 세계화란 주제로 열린 이 대회에는 세계 각국에서 저명한 학자 50여 명이 참석해 한글과 한국어에 깊이 스며있는 한국인의 정서와 행동양식 등 한국문화의 특성을 한국어 교육에 활용하는 방안들을 논의했습니다.

매장마다 산더미 같이 쌓여 있는 각종 최첨단 전산장비들을 보고 있노라면 왠지 배가 부르고 가슴 또한 뿌듯해짐을 느낍니다. 다가오는 21세기는 국가 간의 정보 전쟁이 펼쳐질 시대가 될 거라는 말들을 하는데 그것이 조금은 실감이 납니다. 그런데 우리는 그런 시대가 와도 국제적으로 낙오하지 않고 과연 계속 성장, 발전할 수 있을지 그것이 또한 궁금합니다. 다시 말해 정보화시대의 한글의 역할은 어떠할지 세계 으뜸의 글자로서 진가를 과연 발휘할 수 있을지 그것이 알고 싶습니다.

변정용 교수(동국대학 전산학부) : "저는 컴퓨터야말로 한글에 대하여 궁합이 매우 잘 맞는 도구라고 생각합니다. 왜냐하면 세종대왕께서는 한글을 창제, 반포하면서 세상의 모든 소리를 표기할 수 있는 글자라고 하셨지요. 그러면서도 배우기 쉽기로는 지혜로운 사람은 아침 먹기 전에, 어리석은 사람이라도 열흘이면 깨우칠 수 있는 글자라고 했습니다. 여기서 세상의 모든 소리를 표기할 수 있으면서 배우기 쉽다라고 한 것은 이치에 맞지 않는 말로 들릴 겁니다. 특히 한자를 연상하신다면 더욱 그러하지요. 나라님께서 이런 이율배반적인 주장을 하신 데는 한글엔 세상의 모든 소리를 표기할 수 있는 수학적 원리가 숨어있기 때문이지요.

보세요, 우리가 지금 만능의 기계로 생각하는 컴퓨터는 단 두 개의 숫자 0과 1을 일정한 규칙에 따라 되풀이하는 것인데 이 세상을 순식간에 정보화시대로 만들지 않았습니까? 음악도 그래요. 서양음악의 도·레·미·파·솔·라·시·도의 7개의 음만을 가지고 모차르트의 고전음악에서부터 우리 청소년들이 좋아하는 서태지의 랩 음악까지 무궁무진하게 만들어냅니다. 한글의 경우도 똑같습니다. 28글자의 유한수의 기호와 몇 가지의 규칙만으로 무한수에 가까운 천지자연의 소리를 만들어 표현하는 방식이 바로 한글의 특성이지요. 그런 점에서 한글은 다른 어떤 글자보다 과학적이며 또한 현대 첨단과학의 산물인 컴퓨터의 원리에 매우 잘 부합하는 문자입니다. 한글이 로마자 보다 컴퓨터에 더 적합한 또 하나의 이유는 바로 이겁니다. 자판의 글자를 배열할 때 타자효율을 높이기 위하여 오른손과 왼손을 번갈아 사용하고 집게손가락과 가운데 손가락을 좀더 자주 사용할 수 있도록 배열해야 하는데 로마자의 경우 소리마디의 구성에서 자음과 모음이 어울리는 규칙이 일정하지 않기 때문에 배열이 매우 어렵습니다. 예를 들어서 현행 Qwerty 키보드에서 'read'를 칠 때 왼손만으로 쳐야 합니다. 그런데 한글은 한 소리마디 구성에서 자음과 모음 또는 자음 모음 자음의 두 가지로 일정합니다. 그리고 현재 쓰고 있는 한글자판에선 자음과 모음의 개수가 비슷해서 왼손과 오른손에 대한 자판배열이 창제 당시에 이미 고려되어 있었다고 할 수 있죠. 이러한 것들이 한글이 과학적인 문자라는 증겁니다."

한글의 정보화에는 이상적인 한글자판이 필요합니다. 우리나라는 1982년에 제정한 표준자판이 널리 쓰이고 있는데 한글의 특성과 우리 몸에 알맞은 과학적인 자판을 사용하는 것이 중요합니다. 우리의 자판은 자음과 모음을 번갈아 칠 수 있는 장점이 있지만 오른손과 왼손의 사용비율을 좀더 균등히

하고 빈도수가 높은 글자들을 더욱 편리하게 타자할 수 있는 과학적인 자판의 개발이 여전히 남은 과제입니다. 한글 정보화에는 좋은 자판과 함께 이상적인 한글 부호계, 곧 한글코드가 마련되어야 합니다. 한글 부호계는 컴퓨터 내부에서 한글글자들의 0과 1로 이루어지는 2진수 부호체계를 배정한 것을 말합니다.

'ㄱ'은 00010, 'ㅏ'는 00011, 'ㅇ'은 10111이라는 부호로 표시가 돼있습니다. 따라서 '강'이라는 글자는 이 세 코드가 조합돼 이루어집니다. 이렇게 한글 자음과 모음단위로 부호값을 정해놓은 체계를 조합형 코드라 부르기도 합니다.

한편으로 한글은 음절로 모아쓰는 글자이기 때문에 음절단위로 한 부호를 배정하는 방식 곧 완성형 코드라는 것도 있습니다. 앞에서 '강'이라는 음절의 부호만 매기고 자음과 모음에는 따로 부호를 배당하지 않는 방식입니다.

이렇게 우리 한글은 필요에 따라 조합형과 완성형의 두 방식으로 활용할 수 있는 특성이 있습니다. 한글정보화의 가장 중요한 것 중 한 가지는 한글문서 처리기 곧 워드프로세서입니다. 문서처리기란 컴퓨터를 이용해서 글을 쓰고 편집하며 출력할 수 있도록 도와주는 프로그램을 말합니다. 이런 문서처리기는 나날이 발전해 그림 그리기, 인쇄용 편집, 자유 처리 등 여러 가지 기능을 발휘합니다. 이 프로그램에는 문법이나 맞춤법을 검사하는 기능과 사전까지 갖추고 있습니다. 또 문자인식이라든지 음성인식, 음성출력, 통신 등 많은 정보 처리의 기반으로 활용되고 있습니다. 그래서 그 수요는 막대하고 발전가능성이 큽니다. 다행히 우리 기술로 만든 한글문서처리기의 보급률이 외국제품을 훨씬 앞서고 있습니다.

전순호(미국 시카고 소프트웨어 개발자) : "한글이 참으로 쉽지만 이것을 어떻게 외국사람한테 가르치는 가는 그렇게 쉬운 일이 아닙니다. 그래서 제가 좀더 효과적으로 외국사람이 쉽고 재밌게 배울 수 있을 그런 것을 연구한 결과 최근에 들어서 멀티미디어를 통한 공부 학습방법이 가장 뛰어나다는 생각을 갖게 되었습니다."

멀티미디어 곧 다중매체란 소리·글자·그림·비디오 등 여러 개의 매체를 총합해 정보를 전달하는 프로그램을 말합니다. 이런 첨단 기기들을 많이 연구, 개발해야 합니다.

우리는 옛날부터 아름다운 붓글씨체를 사랑하고 발전시켜왔습니다. 이러한 우리의 옛 정서와 전통이 정보화시대에도 이어지기를 누구나 바라고 있습니다. 그래서 뜻있는 이들이 컴퓨터시대에 걸맞은 아름다운 글자꼴을 개발하는 노력을 지속하고 있습니다.

한글의 전산화

한글의 전산화는 우리 옛 한글문화자료를 오늘에 되살려서 새로이 창조하는 데에도 놀라운 힘을 발휘합니다. 오늘날의 문서편집기들은 옛 한글 글자도 쉽사리 입력하고 분석정리 할 수 있도록 보완돼있습니다. 이를테면 17세기 자료를 정리해 사전으로 편찬하려면 옛날 같으면 수십 년이 걸리겠지만 전산기를 활용하면 불과 1년 안에 가능합니다. 한글의 전산정보화는 우리의 옛 전통 문화유산을 누구나 쉽게 접하고 연구할 수 있게 합니다.

정보화시대에는 좀더 편리하게 이용할 수 있는 한글전자사전이 개발돼야 합니다. 정보분화의 급속한 발전으로 지식과 정보량이 날로 늘어나기 때문입니다. 이런 사전을 개발하기 위해서 대학이나 연구기관 등이 꾸준히 노력하고 있습니다. 전자사전이 속속 개발되면 한글정보문화는 더욱 신속하게 발전하게 될 것입니다.

　세계각국은 치열한 정보화경쟁을 벌이고 있습니다. 이곳 시스템공학연구소에서는 컴퓨터에 들어가는 시스템 소프트웨어와 통신용 소프트웨어 그리고 영상처리 소프트웨어를 개발하는 데 온 힘을 기울이고 있습니다. 한편 이 연구소 안의 연구부에서는 우리말과 글을 정보화하는 일을 집중적으로 연구, 개발하고 있습니다. 우리의 정보처리기술은 언어를 기반으로 하고 있기 때문이라는 것입니다. 이런 연구기관은 다른 숱한 연구기관의 학자들과 함께 정보전쟁에 대비하는 한편 나아가 우리의 정보언어 문화를 발전시켜 세계문화에 기여하고자 밤낮으로 노력을 하고 있습니다.

　정보와 통신은 바늘과 실의 관계처럼 밀접한 관계를 가지고 있습니다. 자동통역전화로 한국과 일본 사이에 통신하는 경우 우선 컴퓨터 앞에서 한국어로 말하면 컴퓨터가 그 한국어음성을 인식해 한글문장으로 바꿉니다. 다음에 컴퓨터는 그것을 기계번역을 해서 일본어 문장으로 바꾸고 이어서 일본어 음성으로 합성해 말소리로 전달합니다. 한편에서 일본에서 일본으로 한국에 전화를 걸때에는 그 반대의 과정을 밟아서 한국어음성으로 전달됩니다. 이런 자동번역전화의 개발에도 한글은 그 우수성을 드러냅니다. 소리값이 일정하기 때문입니다.

　정보문화통신은 이밖에도 PC통신 · 인터넷통신 등 수없이 많이 발전되고 있습니다. 그 중에서도 인공위성은 세계를 하나로 묶는 통신 수단입니다. 근래에 쏘아 올린 우리무궁화위성은 우리 정보문화를 동남아는 물론 세계에 확산시키는 중요한 매체로 등장했습니다. 우리는 이 매체를 십 분 활용해 우리언어 정보문화가 국내는 물론 북한 · 중국 등 한글문화권의 공동발전에 기여할 수 있는 정보문화를 창조, 교류하고 나아가 온 세계에 우리 한글문화를 확산시키도록 해야 할 것입니다.

1996년 8월. 중국 연길시에선 한국과 북한·중국의 언어학과 전산학전문가들이 참여하는 '96 코리언 컴퓨터처리 국제 학술대회가 열렸습니다. 1994년에 첫 만남을 가져 이번이 세 번째 모임이 되는 '96 학술대회는 한글문화권의 공동번영과 발전을 도모하고 서로의 힘을 합쳐 외국기술에 효과적으로 공동 대처해서 한겨레 문화를 세계무대에 꽃피우게 하자는 것이 목적입니다. 다시 말해 이 자리에 모인 60여 명의 관련학자들은 남북이 통일되기 이전에라도 한글정보화발전에 있어서 만은 같은 문화권의 모든 성원이 함께 협력하는 방안을 마련하고자 하는 것입니다.

그 결과 3차 대회에 참석한 전문 학자들은 공동번영 발전에 기초가 되는 네 가지 사항을 극적으로 합의했습니다. 곧 전산용어를 공동으로 번역해 출판하는 일과 한글 코드용 자모순 배열의 통일안에 합의했고 한글문화권이 함께 쓸 수 있는 통일 자판 시안을 마련했으며 통신용 남북 공동 부호체계를 마련할 수 있는 길을 열었습니다. 이번 역사적인 합의는 한글문화권의 정보화 발전에 기본요건을 마련했으므로 이제 한글문화권의 결속과 힘의 축적을 통해 조국통일을 앞당기고 세계 정보문화 발전에 크게 기여할 수 있게 됐습니다.

장소원 교수(한국방송대학 국문학과) : 국내외의 언어학과 문자학의 권위자들이 이구동성으로 찬탄하는 한글, 정보과학자들이 오늘과 내일의 정보화의 초석임을 확인한 한글 또한 세계인들이 너나없이 알고 놀라기만 하는 한글. 정말 우리 한글이야말로 국보 제1호, 세계문화유산 제1호가 되어도 전혀 손색이 없을 정도로 우리 겨레 최대의 자랑거리임을 확인할 때 이 한글을 만들어주신 어지신 임에 대해서 고마움이 솟구치는 것을 억누를 수가 없습니다. 한글은 우리의 온 겨레를 한 덩어리로 묶어주는 튼튼한 밧줄이며 이로 인해 남과 북의 갈라진 형제들은 반드시 화합할 것이고 또한 세계각처의 동포들은 하나의 문화권을 형성할 것이며 더 나아가서 세계정보문화의 한 마당에서 우리 한글은 우뚝 솟을 것입니다.

'한글'이란 단어의 오용 오인 실태(이복규 논문의 요약)

"한글의 위기", "영어를 잘하려면 한글부터 잘해야"

이런 말이 버젓이 통용되고 있다. 앞의 것은 SBS TV에서 2006년 10월 초에 방영한 '한글날 기념 특집 프로그램'의 제목이고, 뒤의 것은 미국 조지아 주립대에 근무하는 어느 한국인 교수가 쓴 글의 제목이다. 이 두 사례에 등장하는 '한글'은 '우리 문자' 즉 세종대왕이 창제한 '글자'의 이름 '훈민정음'이 아니다. 모두 '우리말(한국어, 국어)'의 의미로 쓰였다. 위에 두 가지 경우만 소개했지만, 이런 표현이 우리 주변에서 아주 흔하게 쓰이고 있어 문제이다.

현재 한국 기독교계에서 세계의 숱한 무문자 종족에 대한 선교를 위해, 표기 능력이 탁월한 우리 한글을 저들에게 가르치고, 그 나라 방언대로 음역한 성경을 보급해 읽게 함으로써, 문맹도 퇴치하고 복음도 접하게 하고 있는데, 이때의 '한글'은 '문자'이지 절대로 '글'이나 '말'이 될 수가 없고 그래서도 안 될 일이다. 그런데, 어떻게 된 일일까? 어째서 '한글'이 '우리말'을 뜻하는 말로까지 쓰이고 있는 것일까? 그 동안 내가 알아온 게 틀렸는가?

'한글'이란 단어의 올바른 뜻은 "우리나라 고유 글자의 이름. 세종대왕이 우리말을 표기하기 위하여 창제한 훈민정음을 20세기 이후 달리 이르는 것으로, 1446년 반포될 당시에는 28 자모(자모)였지만, 현재는 24 자모만 쓴다."란 국어사전의 개념 그대로이다. 남북한 마찬가지이다.

'훈민정음' 대신 '한글'이란 말이 등장할 때도 '훈민정음' 즉 '우리 글자'를 의미하는 신조어로 등장했다. 주시경 학파의 대표적인 인물인 최현배의 주저인 『한글갈』(1940)의 제목에 쓰인 '한글'도 철저하게 '훈민정음' 즉 '우리 고유 문자'의 의미로 일관하고, '한국어'에 대한 저서에서는 '우리말

(『우리말본』, 1929)', '조선말(『중등조선말본』, 1934)', '조선어(『중등교육조선어법』, 1936)' 등으로 구분한 것을 보면 이런 판단이 옳다고 할 수 있다.

하지만 (1) '한글소설'이란 용어 (2) '한글본', '한글판', '한글번역(한글역)', (3) '한글이름' (4) '한글학회'란 기관명 (5) '한글맞춤법'이란 용어, (6) '한글학자', '한글사전', '한글성경' 등의 용어에서 보듯, 틀리게 사용하고 있다.

2007년 1월 현재, 고등학교 2학년 이상의 학생 83명(대전 D여자고등학교 2학년생 40명 및 서경대학교 디자인학부 입학 수험생 43명), 전국 고등학교 국어교사 38명, 전국 국어국문학과 교수 42명을 대상으로, '한글'의 개념이 무엇인지, 알아본 설문 조사 결과는 더욱 예상과 다르다. 제대로 응답한 비율이, 학생 20.5%, 교사 50%, 교수 및 강사 62%에 그치고 있기 때문이다. 학생의 58%, 교사의 29%, 교수 및 강사의 24%가 '한글'의 개념을 '우리 글자이자 우리 글이자 우리말'이라고 인식하고 있다는 사실은, 신문과 인터넷 기사의 오용이 아주 자연스러운 결과임을 방증하고 있다고 보여진다. 게다가 오답으로 반응한 대부분의 교사와 상당수의 교수 및 강사가 학생들에게 '한글'의 개념에 대하여 학생들에게 가르치고 있어, 가르치는 이들의 잘못된 인식이 교육을 통해 확대 재생산되고 있다는 판단을 하게 하여 우려스럽다.

이상의 사실을 바탕으로, 이 문제의 해결을 위해 몇 가지 제언하고자 한다.

첫째, '한글'의 사전적인 개념 규정이 맞고, 현 상황이 왜곡된 것이라면, 이 문제를 해소하기 위해 노력해야 한다. 초중등 국어교육에서 '국어(한국어)'의 의미, '한글'의 의미, '국어'와 '한글'의 관계가 무엇인지 반드시 포함해 가르치도록 해야 한다. 특히 국어교사들에게는 그 점을 분명하게 인식하여 제대로 가르치게 해주어야 한다. 아울러 이 글에서 지적한 여러 가지 잘못된 한글 관련 용어와 표현들이 더 이상 쓰이지 않도록, 국립국어원이나 관련단체에서 일정한 영향력을 행사하여야 한다.

둘째, '한글'에 대한 사전적인 개념 규정보다 현재 언중이 사용하는 뜻, 즉 '우리 글'이나 '우리말'을 존중하기로 한다면, 국어사전을 고쳐야 하지 않을까 한다.

셋째, 이 글을 쓰면서 비로소 발견한 사실인데, '영문'이나 '일문'처럼, '우리 글'을 의미하는 한자어가 사실상 없다. '국문'은 이미 갑오경장 이후에 조선시대에 '우리 글자' 즉 '훈민정음(정음)'을 가리키던 '언문'을 대체하여 부른 명칭이므로, '우리 글'이라고만 하기 어렵게 되어 있다(실제 국어사전에서도 '국문'은 '우리 글자'까지 포함하는 어휘로 규정되어 있음). 국권침탈기에 쓰던 '한나라글', '우리나라글', '배달글'이란 단어를 재활용하든지, '한국문' 혹은 '한문'으로 하든지, '국문'이라고 하되 '글자'의 개념을 배제하고 '우리 글'만을 의미하는 단어로 고쳐서 개념 규정하는 것이 타당하다고 생각한다. 그래야만 '한글'에 대한 인식도 바르게 잡혀간다고 보기 때문이다. '우리 글'만을 가리키는 단어가 없거나 불완전하기 때문에 '한글=국문'이란 인식이 계속하여 생겨난다고 여겨지기 때문이다.

식생활

1. 밥이 주식이다.

2. 젓가락과 숟가락을 함께 사용한다. 동시에 쥐지는 않는다. 네팔은 그냥 손으로 먹는다. 일본은 젓가락만 쓴다(나무 그릇). 서양은 포크와 나이프를 사용한다.

3. 찌개나 반찬을 함께 먹는다. 일본에서나 서양에서는 주로 덜어서 따로 먹는다.

4. 냉수를 잘 마신다. 냉차, 냉커피도 잘 마신다. 중국이나 카자흐스탄에서는 금물이다.

5. 식당에서 기본반찬은 무료이다. 후식도 공짜로 제공하기 일쑤이다. 일본, 서양에서는 개별 계산을 한다.

6. 회식할 경우, 연장자나 어느 한 사람이 다 내려는 경향이 강하다.

7. 2차 3차까지 가야만 직성이 풀린다. 1차만 하고 가면 아쉽게 생각한다. 끝까지 가야 친밀하다고 생각한다.

8. 국 문화이다. 그래서 만들어진 말이 '국물도 없다'이다. 몽골족은 육포 문화라 징기스칸의 정복전쟁이 가능했다.

9. 떡 문화이다. 굿문화와 관련이 있다. 우리만큼 다양한 떡도 드물다. 서구의 꽃문화만큼이나 다양하다.

10. 김치 문화이다. 김치 없이는 밥을 못 먹는다.

의생활

녹의홍상綠衣紅裳이라 하여, 상의하상으로 나누어 옷을 만들어 입는다. 이는 음양의 원칙을 따른 우리 전래의 문법이다. 이는 상의하상의 구별이 없는 심의深衣(선비옷)에도 남아 있다. 아래옷 12폭은 다시 6폭씩 나누어 마름하는 게 기본이다. 심의에도 음양대대待對의 관념이 반영되어 하나의 완성된 포布가 이루어지도록 되어 있는 셈이다.

전통 한복은 예복으로만 입는 경향이 있으나, 양장에 영향을 미치고 있다. 서양에서는 원피스 개념으로 입어 상하의의 색상이 같거나 유사한데, 한국 양장은 투피스 개념으로 위 아래의 색을 달리하곤 한다. 녹의홍상綠衣紅裳 즉 위는 푸른 색 저고리, 아래는 빨간 치마로 입기 전통의 영향으로 보인다.

주생활

1. 온돌 문화가 발달되었다. 현대에 와서의 돌침대 개발. 온돌보일러의 등장도 이와 관련이 있다. 미국으로 이민 간 한국인들의 카펫트 걷어 내기 현상도 마찬가지이다.

2. 좌식문화. 엘리자베스 여왕이 하회마을 충효당 들어설 때 하이힐 벗어야 했다.

3. 흙으로 집을 짓는 것이 일반적이었다. (중국은 돌, 일본은 목재 많음)

4. 우리 전통주거공간에서도 음과 양의 구분과 조화가 관통하고 있다. 안채와 사랑채의 구별이 분명한 남녀유별, 칸수의 차이에 따른 장유유서長幼有序, 축대에도 층을 나눈 상하계층의 구별, 살림살이도 안과 바깥을 구분하여 공간을 나누었다.

우리 상류가옥 건물 배치는 사랑채를 중심으로 여성공간인 안채와 남성공간인 사랑채가 분명히 나누어진다. 보통 남향인 집에서 사랑채는 동남쪽에, 사당채는 동북쪽에, 그리고 안채는 서북쪽에 배치되는 것이 원칙이다.

동과 서를 좌우의 개념으로 대치시키면서 동은 오른쪽이요 서는 왼쪽이 된다. 오른쪽은 남성, 왼쪽은 여성의 자리다. 그렇다고 부부가 완전히 별거하는 것은 아니다. 눈에 잘 띄지는 않지만 사랑채에서 안채로 통하는 통로가 있다.

집은 가족이 모여 대를 이어가는 공간이다. 안과 밖을 구별하여 살림을 꾸려나가면서도 동시에 사랑채는 안채에 비해서는 위요, 사당은 집의 제일 높은 곳이다. 상호관계 속에서 집안살림이 이루어진다. 집의 급수성, 연극·의례성은 상류가옥에서 안채나 사랑채를 지나치게 높이 세웠던 것에서도 나타난다.

이는 양반과 천민 사이에만 존재했던 것이 아니고 양반 사이에서도 가문이나 출신, 벼슬의 높낮이 또는 나이에 따라 엄격히 반영되었다. 문턱은 신분상의 경계선 구실을 한다. 급수성을 높이기 위해서는 축대의 높이를 과도하게 2m가 넘게 한다든지, 문턱도 몇을 두어 사람을 대할 때마다 급수에 따라 체통과 위신을 세웠다. 유교의 급수적 인간관이 건물 배치에 그대로 나타나고 있다.

신앙

1. 종교적 다양성을 보인다. 현세지향성 혹은 무속문화의 영향으로 보인다. 다신교적이다.

2. 새해 덕담을 할 때, 윗사람이 과거완료형으로 말하는 것이 원칙이었다.

3. 4를 싫어한다(4층을 없애거나 F층). 서양은 13을 싫어한다.

4. 3이나 7을 좋아한다. 중국에서는 8을 좋아한다.

5. 지성이면 감천이라는 사고가 강하며, 인간을 위해 신을 이용하는 경향이 강하다. 유사시 신을 불러내려 볼 일을 다 본 후에 돌려보내는 무속에서 이런 성격이 잘 드러난다.

6. 신에 대해 '경이원지敬而遠之'하는 경향이 강하다. 5번에서도 그 점이 나타나나, 무덤을 쓸 때, 명당 관념 때문에 그렇다고는 하지만, 집이나 마을 옆이 아니라, 주거지가 아닌 산에다 무덤을 쓰는 것도 이와 관련이 있다 하겠다. 신을 공경하되 그 신이 일상생활에 일일이 개입하는 것은 꺼리다 보니 그런 것이라 여겨진다. 이런 심성은 외래종교의 한국화를 낳는 요인으로 작용한다고 생각한다.

예절

1. 흰 봉투에 돈 넣어서 준다. 홍콩의 경우, 흰색과 청색은 장례식 전용이다.
2. 큰아들이 부모님을 모시려는 경향이 강하다. 카자흐스탄은 막내와 함께 산다.
3. 인사법(친구끼리는 손흔들기, 어른에게는 고개 숙이기)(미국은 손 인사, 하이!) 프랑스는 악수를 하거나 가볍게 껴안고 볼을 댄다. 말레이시아는 양 어깨를 교대로 댄다. 티벳은 자신의 귀를 잡아당기며 혀를 내민다.
4. 인사말. 안녕하십니까? 식사하셨습니까? 안녕히 주무셨습니까?(의례적으로 그냥 하는 말임)
5. 인사말. 어디 가세요? 수고하세요.(그냥 하는 말임)
6. 압존법이 발달해 있다. "아버지, 형님이 그렇게 말씀하셨습니다", "우리 부인이 그랬습니다"는 잘못된 표현이다.
7. 윗사람과 악수할 때 두 손으로 감싸거나 한 손으로 받치면서 하는 경향이 있다. 윗사람이 먼저 내민다.
8. 물건을 주고 받을 때, 손 아랫사람은 두 손으로 받는다.
9. 담배 피울 때, 윗사람 앞에서는 숨어 피우거나, 맞담배질 안한다. 네팔은 온가족이 둘러앉아 피운다.
10. 초상 치른 후 1개월 내에는 남의 혼사에 가지 않는다(봉투만 전달).
11. 장례시에 울고 곡하는 것을 좋게 여겨왔다(일본은 참음).
12. 자동차를 탈때 운전자의 대각선 자리가 상식적이다.

관습

1. 숫자를 셀 때, 손가락을 굽혀간다. 서양은 펴간다.

2. 물건 값을 깎기를 일쑤로 하고, 덤을 보통 요구하고 주기도 한다.

3. 팁 문화가 발달되지 않았다. 미국에서는 종업원의 봉급이 없거나 적어서 팁으로 생활하며 세금도 자진해서 낸다.

4. 생일날 미역국을 먹는 경향이 있다(시험치를 때는 엿 : 당분이 뇌기능 촉진).

5. 감옥에서 나오면 생두부를 먹인다.

6. 혼인이나 장례를 알릴 때 불특정 다수 즉 지인 모두에게 알린다. 일본에서는 정말 와야 할 사람만 엄선하여 보낸다. 한국에서는 가지 않아도 무방할 수 있으나, 일본에서는 관계가 끝날 수 있을 정도로 심각한 결례이며, 부조금의 액수도 상당하다.

7. 추임새 문화(판소리, 탈춤). 개신교 목사의 설교 때 아멘과 할렐루야로 자주 반응하는 것, 가수들이 공연하면서 청중의 참여를 유도하기 일쑤인 것도 이 영향일 수 있다.

8. 시집간다, 장가간다는 말이 공존한다.

9. 차 속에서 남의 짐을 잘 들어준다.

10. 여자들이 자리에 앉을 때 오므리고 앉는다.

11. 다리 떨면 복 달아난다고 한다.

12. 이사간 집 찾아갈 때의 선물로, 두루마리 화장지나 가루세제를 좋아한다(과거에는 성냥이었음).

13. 중국인에 비해 목욕을 자주 하는 편이다. 물이 흔해서 그렇다. 중국은 식수 부족으로 목욕 못한다. 몽골의 징기스칸은 상류층에게 목욕 금지령까지 내렸다. 서민이 식수도 모자라는데 목욕물로 낭비하면 안되는다는 게 그 이

유다. 모든 문화에는 그럴 만한 이유가 있다.

14. 업어주기 문화. 서양은 안아주기만 있다.

15. 아침 일찍 어느 가게에 가면 반드시 물건을 사 주어야지 안 사면 재수 없다고 욕한다.

16. 아침 일찍 여자가 남자 앞을 지나가면 재수 없다고 생각한다.

17. 명절이 되면 민족 대이동이 시작된다. 모두 효자 효녀라서 그럴까? 평소에 할 수는 없나?

18. 근면성과 '빨리 빨리'문화 · 모내기 때의 반복되는 가뭄 때문에, 잠깐 내리는 비를 활용하기 위해 근면할 수밖에 없으며, 빨리 빨리 서두를 수밖에 없었던 환경이었다. 기회 놓치면 폐농이었다.

19. 흙을 이용한 봉분형 무덤이 전통적이다. 시간이 흐르면 낮아지다 마침내 사라진다. 자연에 맡기고 순응하는 구조.

20. 종교 개종을 쉽게 한다. 다종교 사회로서 종교전쟁이 일어나지 않는다.

21. 좁은 나라이지만 지역에 따른 문화적 다양성을 보여준다. 100리마다 굿의 음악이 달라진다. 방언 차이, 여타 의식주, 장례 풍속이 다르다.

22. 한국에서는 용龍을 신성시한다. 서구에서는 악마 즉 사탄이다.

23. 손짓의 양상이 다르다. 사람을 오라고 할 때는, 손등이 위로 향하게 하고 손가락 전체를 움직이고, 개를 부를 때는 손바닥을 위로 향하게 한다. 손가락 전체를 이용하지 않고 가운데 손가락만 까딱거리는 것은 매우 불손하거나 위협적인 자세이다. 서구와 반대이다.

24. 조선왕조부터 근친혼을 엄격히 금지하고 있다. 일본과 판이하다.

25. 서열문화가 발달되어 있다. 어떻게든 나이를 알고 싶어 한다. 일본이나 서양에서는 프라이버시 침해로 오해받는다.

26. 혼인 후에도 여성의 성이 유지된다. 다른 나라는 대부분 혼인하면 남편

이 성을 따르는데, 우리는 그냥 가지고 있다. 여성이 혼인할 때 가져온 재산도 독립적으로 관리할 수 있게 한 것이 조선시대였으며, 곳간열쇠로 상징되듯 여성이 집안 살림의 주체였는바, 지금도 그 정신이 이어지고 있다고 할 수 있다. 이른바 통장으로 남편의 봉급이 들어가 여성이 주물러 남편은 용돈을 타다 쓰고 있는 게 현실이다.

27. 무덤을 쓸 때 선산에다 만드는 것을 선호한다. 서양에서는 자기가 좋아하는 사람의 무덤 옆에 묻히기도 하는데, 우리는 그런 법이 거의 없다. 그 어떤 것보다 혈연을 우선시하는 가치관이 작용하고 있다 하겠다.

28. 장남이 부모를 책임져야 한다는 의식이 강하며, 자식이 혼인한 후에도 돌봐주어야 한다고 생각한다. 미국에서는 고졸 후에도 부모와 함께 살면 수치로 생각하며 그때부터 독립하는 것을 원칙으로 삼는다.

29. 양자를 잘 하지 않으며, 한다 해도 동족집단에서 데려온다. 서구에서는 로마만 보더라도 입양을 잘 했고, 타성받이에서도 입양한다.

30. 죽으면 제사를 지낸다. 죽은 날 일정한 의례를 행한다.

31. 한국인 이름의 특징으로 네 가지를 들 수 있다. ① 이름에 대한 관념 면에서, 웃사람의 이름을 거론하거나 답습하는 것을 꺼리는 의식이 우리나라 사람에게는 아주 강하다. 조상의 이름을 그대로 물려받아, 여러 대에 걸쳐서 동일한 이름을 쓰기도 하는 이스라엘, 미국 등과는 판이하다. 특히 러시아에서는 두 번째 이름에 필수적으로 그 아버지의 이름이 반영되는 게 관례화되어 있는바, 우리와는 크게 다르다 할 수 있다. ② 돌림자 즉 항렬자 전통이 강하며, 오행이나 십이지 십간을 따라서 짓는 게 일반적이다. 다른 나라에는 없는 특징이다. 일본에는 항렬자가 없으며, 중국에도 우리식의 항렬자는 없다.

요즘에는 부르기 좋고(소리가 좋고) 뜻이 좋은 이름을 선호하는 경향이 강한데, 이는 일본이나 우리나라의 최근 추세와 상통하는 점이라 하겠다. ③ 성소명다姓少名多 현상도 특징적이다. 우리는 성은 제한되어 있는데 이름은 매우 많지만, 일본이나 유럽은 성다명소姓多名少 즉 성은 많은데 이름은 적다. ④ 성과 명, 이렇게 두 단위로 이루어지며 성 다음에 명이 오는 순서이다. 철저하게 두 단위로 되어 있고 성 다음에 명이 오는 구조이다. 하지만 유럽의 경우는 다르다. 제1이름(first name 혹은 given name), 제2이름(second name 혹은 middle name), 제3이름(family name : 성) 이렇게 세 단위로 이루어지는 게 보통이며, 이름 다음에 성이 온다. 제1이름은 '부르는 이름', 제2이름은 주로 외가에서 붙이거나 외가를 따른 이름, 제3이름은 우리나라로 말하면 성姓으로서 아버지쪽 가계를 나타낸다.

문학

1. 한국 시가는 정형시의 경우에도 한 음보를 이루는 음절수가 변할 수 있다. 음보 형성에 모음의 고저·장단·강약 같은 것들이 작용하지 않으며, 운韻이 발달되어 있지 않은 것을 특징으로 삼는다. 고저를 갖춘 한시, 장단을 갖춘 그리스어·라틴어 시, 강약을 갖춘 영어나 독일어 시에 비한다면 단조롭다고 느껴질 수 있다. 그러나 그러한 요건을 갖추지 않은 특질을 공유하고 있는 프랑스어 시나 일본어 시와는 다르게 음절수가 가변적일 수 있기 때문에 오히려 변화와 여유를 누린다.

가령, 시조가 대표적인 정형시라고 하지만, 시조의 율격은 네 음보씩 석 줄이고, 마지막 줄의 앞부분은 특이한 규칙을 가져야 한다는 짐만 정해져 있을 따름이다. 각 음보가 몇 음절씩으로 구성되는가는 경우에 따라서 달라진다.

그래서 작품마다 율격이 특이하게 이룩될 수 있는 진폭이 인정된다. 정형시로서의 규칙은 최소한의 것으로 한정되고, 가능한 대로 변이의 영역이 보장되어 있다. 이뿐만 아니라, 그 범위를 확대해서 자유시에 근접하려는 시형이 일찍부터 여러 가지로 나타났다.

시조의 제약이 불편하게 느껴져서 사설시조가 생겼고, 판소리에서는 전체적으로 고정된 격식이 없으면서 갖가지 율격 형태를 필요에 따라서 다채롭게 활용하였다. 그런가 하면, 현대시에 이르러서도 서구의 전례를 따른 자유시로만 보이는 것들 중에도 전통적인 율격을 변형시켜 계승한 예가 적지 않다.

질서가 엄격하면 그것을 파괴하자 바로 무질서가 나타난다고 할 수 있을 터인데, 이처럼 질서 자체가 변이나 변화를 허용하고 있으므로 무질서한 것처럼 보이는 가운데도 자연스러운 질서가 갖추어질 수 있다 하겠다. 이러한 특질은 미의식 일반으로 확대시켜 이해할 수 있다.

2. 미의식에서, 멋을 추구하였다. 직선으로만 뻗었거나 규칙적으로 모가 난 것은 격이 낮다고 하고, 천연스럽게 휘어진 곡선이나 자연스럽게 이지러진 모습이라야 아름답다고 하는 미의식이 바로 멋이다. 멋은 미술의 선이나 음악의 가락에서 확인될 뿐만 아니라, 문학적 표현의 기본 원리이기도 하다.

멋과는 거리가 멀 것 같은 한문학에서도, 격식과 꾸밈새를 못내 나무라며 천진스러운 기풍인 천기天機를 그대로 드러내고자 하였다. 구비문학이나 국문문학에서는 시가의 율격은 물론, 수사법과 작품 전개의 방식 전반에서 애써 다듬어 기이한 효과를 내는 것을 멀리하였다.

일상생활에서 하는 자연스러운 말을 그대로 살리고자 하였으며, 유식한 한문 문구는 웃음을 자아내도록 하고자 끌어오기 일쑤이다.

다만, 현대문학에 이르러서는 서구어 번역체가 등장하면서 사정이 달라진 국면이 있으나, 전통적인 미의식의 계승으로 한때의 어긋남이 극복될 수 있는 전망이다. 함께 일하며 노는 사람들이 누구나 같은 자격으로 어울리는 마당놀이는 한국 예술의 기저를 이룬다.

3. 희곡(연극)에서 골계가 강화되어 있다. 탈춤을 공연하더라도 놀이패가 하는 짓에 구경꾼이 개입하여 대방놀음을 유지하고 삶의 영역을 그대로 연장시키면서 비판적으로 다룰 따름이지 극적 환상을 만들어내지 않는다. 비극의 흔적은 찾아내기 어렵고 연극의 전통이 비판적인 희극으로 일관되어온 것은 우연한 일이 아니다.

연극의 영역을 넘어서더라도 비장한 것을 구태여 높이 평가하지 않으며, 오히려 골계미를 통하여 깊은 진실을 드러내고자 한다.

4. 서사(이야기)문학에서 현실(사실)주의 또는 일원적 이원론이 강화되어 있다. 고대의 신화가 이미 역사적인 경험을 현세의 영역에서 다룬 것을 주목할 필요가 있다. 천상계는 지상계와의 관련에서 의미를 가지고 현실적인 문제를 해결하는 데 기여한다.

서사무가나 소설이 불교 또는 도교의 영향을 받아서 저승이나 천상을 더욱 구체적으로 표현할 때도 이러한 특징이 달라지지 않았다.

사람으로서는 도저히 넘어설 수 없는 한계에 부닥쳐 좌절할 수밖에 없는 비극적 인간상은 찾기 어려우며, 굳어진 관념의 한계를 깨고 삶의 발랄한 양상을 드러내는 데 더욱 힘썼음은 여러모로 확인할 수 있다.

이른 시기의 불교설화가 이미 비속한 경험에서 진실을 찾자는 방향으로 전개되었으며, 지위에 따르는 관념에 집착하는 인물을 우스꽝스럽게 다루면서 후대의 서사문학도 생기를 되찾고는 하였다.

시조에 맞서서 사설시조가 나타나고, 이상주의적 성향의 영웅소설을 밀어내고 판소리계 소설이 인기를 모은 것도 같은 방식의 전환이있다.

현대소설에서 묘사 위주의 사실주의가 뚜렷한 타개책을 찾지 못하고 있을 때, 탈춤이나 판소리를 계승한 비판적 사실주의가 시대적 사명을 맡고 나선데서도 전환의 논리가 달라지지 않았음을 확인할 수 있다(조동일 교수, 『한국문학 이해의 길잡이』, 집문당, 1996 참고).

5. 서사(이야기)문학의 행복한 결말 : 이른바 해피 앤딩을 지향하는바, 한국의 이야기문학에서 전설을 제외하고는 거의 모두가 행복한 결말을 추구한다. 서구적 개념의 비극이 없다고 할 정도이다. 가장 비극적이라고 하는 『운영전』만 해도, 결국은 두 남녀 주인공이 천상에서나마 재결합하여 함께 지내는 것으로 묘사되어 있다. 실존 인물의 일대기를 소재로 한「임경업전」의 경우, 사실에서는 비극적인 죽음으로 종결되나, 소설에서는 꿈에서 나타나 적대자를 고발하여 파국에 이르게 함으로써 복수하는가 하면, 어떤 이본에서는 자손들이 부귀공명을 누리게 처리하고 있다. 중국에서는 비극이었던 이야기가 한국에 수용되어서 본래의 비극적 결말을 유지하지 못하고 행복한 결말로 변형되기 일쑤이다. 이런 전통이 있다 보니, 한국의 드라마에서도 주인공이 불행한 결말로 끝날 눈치가 보이면 시청자의 항의가 쇄도해 결국 수정하곤 한다.

언어

1. 존대법이 발달해 있다. 미국 아이들은 할아버지에게도 이름을 부른다! 서열 없다. 친소 관계만 있다. 평등문화이기 때문이다.

2. 주어 등 성분 생략, 목적어가 서술어보다 선행함. 서구에서도 영어의 아버지인 라틴어, 형님 격인 스페인어도 주어 생략 현상 있다. 영어에 와서 없어졌다. 문맥을 보면 아는 게 우리말이다. 상황과 맥락 중시, 눈치. 목적어 서술

어보다 선행하여 속마음 먼저 드러낸다. 성분을(특히 주어) 생략하지 않는 서구 언어는 형식성, 논리성을 중시하는 언어. 서술어 다음에 목적어가 와 다 들어봐야만 속마음 알 수 있다.

3. 우리말로 '나는'에 해당하는 말이 영어에는 없다. 영어에서는, '나는 이런데 너는 어떻다'라고 해서 보충하는 말이 들어가야 말이 된다.

4. '그녀, 그'라는 3인칭 대명사가 말에서는 없다. 글에서만 있는데 근대 들어 지식인들이 만든 말이다.

5. 서구에서는 여성 명사인지 남성 명사인지 모든 명사에 성을 부여하는데, 우리말에는 없다.

6. 우리말 '인간'이라는 말이 영어에는 없다. man 하나 가지고, 남자와 사람을 다 표현한다. 휴먼이나 맨카인드는 인류라 해서 거창하게 사용할 때도 동원한다.

7. 우리말은 특수한 언어 중의 하나다. 외국인이 배우기 어렵다. 말레이지아가 공용어 정할 때 복잡한 자바어를 포기한 일이 있는데, 우리말은 배우기 복잡한 편이다.

8. '우리 아내', '우리 집'처럼 우리라는 말을 즐겨 한다. 미국에는 없는 표현이다.

9. 같은 나이나 한두 살 차이 날 때만 친구 삼는다. 미국은 말 자체가 반말이라 누구와도 친구 가능하다. 우리말에는 연장자에게는 경어법(존대법)에 따라 깍듯이 말을 바꾸어 써야 하기 때문에 친구로 지내기 어렵다.

10. '생각해 볼게요'는 긍정적인 대답이다. 서양의 경우는 거의 부정에 가깝다.

기타

1. 자원이 부족해서 그런지, 매우 부지런하며 신바람이 나면 더욱 더 일을 잘한다. 그래서 한강의 기적을 이루었다. 1950년대 전후 세계 2위의 빈곤국에서 경제대국으로 성장하였다. 당시에 대한민국은 필리핀을 선진국으로 치며 롤 모델로 잡고 성장하였으나, 지금은 필리핀의 10배이다. 이 한강의 기적을 라인강의 기적과 비교하는데, 질적으로 라인강의 기적과는 비교할 수가 없다. 독일은 세계대전을 두 번이나 일으킨 기술력을 가진 국가인데 비해, 대한민국은 아무것도 없는 밑바닥 그 자체에서 일어난 기적이기에 한 수 위로 쳐주고 있다. 그 결과, 원조 받던 나라에서 원조하는 나라로 유일한 나라이다. 선교사도 그렇다. 세계에서 둘째가라면 서러워할 정도로 많은 선교사가 나가 있는 나라가 대한민국. 유태인보다 더 많은 지역에, 선교사와 실업인이 나가 있다.

2. 민주화를 최단 시일 안에 이루었다. 뉴스나 인터넷, 방송 등에서 민주화의 침해다 뭐다 해서 민주화 후진국인 것처럼 보이나, 사실 전 세계적으로 보면 아주 민주화한 국가이며, 특히 50년 만에 민주화를 이뤄낸 국가로 세계 민주주의 국가의 모범사례로 꼽는다. 민주화되지 않은 국가라 하는 이들도 많으나. 인터넷에 대통령을 욕하고 "개XX, X같은 국가" 등으로 올려도 처벌받지 않는 것, 공권력에 대해 저항하는 등을 보면 빠른 속도로 민주화한 국가라는 것은 맞는 말이다. 아테네 아크로폴리스 이래 그런 민주주의가 실현된 것은 한국의 광화문 촛불 시위밖에 없다. 정권이 야당에서 여당으로, 여당에서 야당으로 바뀌어버리는 대한민국, 국민의 여론을 무섭게 알아 거짓말로라도 공약을 해야만 대통령이나 국회의원에 당선되는 나라가 대한민국이다. 일본에서는 꿈도 못 꾸는 일이 한국에서는 일어났고 일어나고 있다. 일본은 사실

상 자민당 일당 독재 국가이다. 무라야마 정권 때만 한 번 야당으로 넘어갔을 따름이다. 무슨 잘못을 해도 정권이 바뀔 줄을 모른다. 민주화가 가능할 수 있었던 배경으로, 전통적인 신분제 및 신분의식이 육이오와 사일구혁명을 계기로 완전히 청산되었기 때문. 만약 인도의 카스트제도처럼 조선시대의 신분차별제도와 의식이 강고히 남아 있다면 절대로 지금의 민주화는 불가능했을 것. 이 점은 동학혁명 이래 여러 이유로 한반도를 떠나 사회주의권인 중국이나 쏘련(현 러시아)로 간 사람들 소위 조선족과 고려인들이 잘 증언하고 있는 사실. 그곳에는 남녀평등이 실현되었고, 신분제도가 타파되었으며, 시집살이 같은 것도 사라졌다고 하니까.

3. 새것에 민감하다. 그 결과 정보화를 이루었다.

4. 밤 외출이 안전한 나라이다. 밤에 나다닐 수 있는 나라 가운데 하나이다.

5. 비빔밥 문화, 융합의 문화가 한류를 이루었다. 외국 팝송을 소화해 재수출하기. 유망주를 발굴해 이를 키워낼 만한 경제적인 능력과 여유, 기술력, 콘텐츠 등 종합적인 역량을 갖춘 단계에 이르러야만 가능한 일이다.

6. 음악이 3박자 리듬(쿵작작)이다. 2박자 일명 '뽕짝'으로 불리는 일본과 구별된다. 무속의 굿거리장단을 비롯하여 〈황성옛터〉, 〈칠갑산〉 같은 노래에 잘 드러난다. 3박자는 동적이어서 춤추기에 적합한 리듬이다.

7. 강약조이다. 서구는 약강조이다. 서구가 약강조인 이유는 언어적인 특징상 관사가 반드시 붙기 때문이다. 우리 〈애국가〉의 '동해물과 백두산이'에서 '동'이 약, '해'가 강으로 되어 있는 것은, 작곡자 안익태가 우리의 전통을 몰라 서양식 약강조를 따라 만들다 보니 그런 것이다. 그래서 외국인이 들을 때는 얼른 들으면, '해물'만 강조되어 귀에 들어올 수 있다.

이복규
서경대학교 문화콘텐츠학부 국어국문학전공 교수

저서
『설공찬전연구』(박이정)
『조선전기의 민속』(민속원)
『한국그리스도교민속론』(민속원) 등

한국 전통문화의 이해

초판 1쇄 발행 2003년 8월 30일
5판 1쇄 발행 2018년 2월 28일

지은이 이복규
펴낸이 홍기원

총괄 홍종화
편집주간 박호원
편집·디자인 오경희 · 조정화 · 오성현 · 신나래
          김윤희 · 이상재 · 이상민
관리 박정대 · 최기엽

펴낸곳 민속원
출판등록 제18-1호
주소 서울시 마포구 토정로 25길 41(대흥동 337-25)
전화 02) 804-3320, 805-3320, 806-3320(代)
팩스 02) 802-3346
이메일 minsok1@chollian.net, minsokwon@naver.com
홈페이지 www.minsokwon.com

ISBN 978-89-285-1161-7 93380